功能语言学论丛

本书出版受广东财经大学重点学科建设项目及教育部青年基金项目
（14YJC740110）资助

A Systemic Functional Study of Clause Complexes in Chinese

系统功能语言学视角下的汉语小句复合体研究

张春燕◎著

·广州·

版权所有　翻印必究

图书在版编目（CIP）数据

系统功能语言学视角下的汉语小句复合体研究/张春燕著. —广州：中山大学出版社，2019.12

（功能语言学论丛）

ISBN 978-7-306-06823-1

Ⅰ. ①系… Ⅱ. ①张… Ⅲ. ①汉语—句法—研究 Ⅳ. ①H146.3

中国版本图书馆 CIP 数据核字（2019）第 299834 号

出 版 人：	王天琪
策划编辑：	熊锡源
责任编辑：	熊锡源
封面设计：	林绵华
责任校对：	邱紫妍
责任技编：	何雅涛
出版发行：	中山大学出版社
电　　话：	编辑部 020-84110779，84110283，84111997，84110771
	发行部 020-84111998，84111981，84111160
地　　址：	广州市新港西路 135 号
邮　　编：	510275　　传　真：020-84036565
网　　址：	http://www.zsup.com.cn　E-mail：zdcbs@mail.sysu.edu.cn
印 刷 者：	佛山市浩文彩色印刷有限公司
规　　格：	787mm×1092mm　1/32　9 印张　220 千字
版次印次：	2019 年 12 月第 1 版　2019 年 12 月第 1 次印刷
定　　价：	35.00 元

如发现本书因印装质量影响阅读，请与出版社发行部联系调换

序

严格地讲,语言学没有国界,因此没有所谓的"英语/英国语言学"和"汉语/中国语言学"等说法,就像没有"英国物理学"和"中国物理学"一样。人们通常说的"汉语语言学"或"汉语语言学研究",实际上是说用(普通)语言学理论来研究汉语(语言系统和语言使用)。汉语教师的语言学研究,通常是选择汉语作为研究对象(语料)。而对于外语教师的语言学研究,可以选择外语作为研究对象,也可以选择母语为研究对象。选择哪一方面作为研究重点,采取什么样的研究视角,与其所在的学术环境和自身的学术背景、学术训练以及个人兴趣等密切相关。

系统功能语言学是普通语言学理论,它的研究对象是人类的语言(包括英语、汉语等);M. A. K. Halliday 在上世纪末、本世纪初提出,系统功能语言学是"适用语言学"(appliable linguistics),因为这是一个以问题为导向的理论,可以用来解决与语言有关的各种各样的问题。Halliday 在不同的场合强调

■ 系统功能语言学视角下的汉语小句复合体研究

系统功能语言学用于研究英语以外的语言的重要性，并多次呼吁我国系统功能语言学界多开展汉语本土化研究；我也多次撰文倡导我国的系统功能语言学研究要有原创性和本土化，其中一个研究角度就是用该理论研究汉语，对汉语语言的特点进行系统、全面的描述和阐释，以此建立一个完整和系统的综合分析框架。在此背景下，我1996—2016年在中山大学指导的学生的研究中，就前后涌现出一批系统功能语言学的汉语适用性研究，其中包括我指导张春燕撰写的博士学位论文《系统功能语言学视角下的汉语小句复合体研究》，这本书就是在她的博士学位论文基础上修改而成的。

张春燕是我2009年招收的博士研究生之一，是我指导的第32位博士毕业生。她肯于吃苦钻研，三年读博期间，专心进行系统功能语言学的学习与研究，在2012年顺利拿到博士学位，并基于博士研究生期间的积累，先后在《现代外语》《中国外语》《外语教学》等期刊上发表了一系列学术论文，顺利地评上了副教授。我为她的学术成长感到很高兴，也希望她能继续坚持，进一步成长。

春燕的博士学位论文选题是汉语小句复合体。系统功能语言学中，复合体是语法基本单位小句、词组、词或词素线性递归构成的单变量结构，前些年我对级阶单位及其复合体结构很感兴趣，就此发表五篇相关现象的论文，其中包括2000年发表的《英语动词词组复合体的功能语法分析》。熟悉我的读者会知道，功能句法是我的一大研究兴趣，尽管近年来我着力推进生态语言学和和谐话语研究，但我的立足点总是在于句法。

小句如何关联构成小句复合体一直都是语言学界的经典论题，汉语语法学家和学者们聚焦于两大问题：一是单复句（大致相当于小句和小句复合体）划界问题，二是汉语复句的内部分类问题。基于这两大问题的思索，春燕尝试在系统功能语言学理论框架下对汉语小句复合体进行功能角度描写与解释，看小句如何递归构成小句复合体，对小句复合体系统进行类型划分和拓扑渐变研究，我认为这个选题具有较高的研究价值。

全书贯彻元功能的思想，结合层次与级阶的观点，采用类型学和拓扑学相结合的视角，首先探讨了汉语小句复合体在整个语言系统中的定位与界定，再从逻辑功能入手描写与分析了汉语小句复合体系统，区分了小句间的并列关系与主从关系，最后探讨了小句复合的渐变体现，提供了一个系统的、多功能的、多层次的、类型学与拓扑学互补的研究，为汉语小句复合体现象的研究提供了新的思路，也为并列关系与主从关系的区分以及单复句划界这两大问题进行了系统功能语言学角度的解释。春燕在书中指出，汉语和英语一样，构成小句复合体的两个小句之间同样具有相互依赖关系，说话人在交际过程中，选择将两个命题以同等地位还是有主次区分进行关联，小句所承载的人际意义多少是关键，与此同时，语篇意义和经验意义也与逻辑配列关系选择息息相关；类型学视角有助于确立范畴构建系统网络，拓扑学视角则关注范畴之间的关联与渐变，两者相结合的视角分析能更深入地了解语言现象。通过对小句复合现象的系统功能语言学分析，检验了系统功能语言学理论的普遍性和适用性，并从类型学的角度进一步丰富、充实系统功能语言学。

最近这些年，我常常翻阅《道德经》。在这里，我想摘录几句，与春燕和各位共勉：知人者智，自知者明。胜人者有力，自胜者强。知足者富，强行者有志。

是为序。

黄国文

英国爱丁堡大学博士、威尔士大学博士

华南农业大学教授、博士生导师

2019 年 10 月 1 日

目 录

图表目录 ··· i
符号说明 ··· iii

第 1 章　导论 ··· 1
　1.1　研究背景 ··· 2
　1.2　系统功能类型学 ··· 5
　1.3　术语说明 ··· 6
　1.4　目标与研究问题 ··· 8
　1.5　语料和方法 ·· 9
　1.6　结构安排 ··· 10

第 2 章　文献综述 ··· 12
　2.1　引言 ·· 12
　2.2　复句研究概要 ·· 13
　2.3　复句的界定及其单复句划分 ···························· 19
　2.4　并列关系与主从关系的争论 ···························· 27
　2.5　汉语小句复合体的系统功能语言学研究 ··········· 41

i

2.6 小结 ·· 43

第3章 理论框架 ·· 44
3.1 引言 ·· 44
3.2 语言作为系统网络 ································· 45
3.3 语言作为多层次的系统 ··························· 49
3.4 语言作为多功能的系统 ··························· 52
3.5 小结 ·· 68

第4章 汉语小句复合体的定位与界定 ············ 70
4.1 引言 ·· 70
4.2 汉语小句复合体的定位 ··························· 71
4.3 小句复合与小句成分 ······························ 78
4.4 汉语小句复合体的界定 ··························· 95
4.5 小结 ·· 112

第5章 汉语小句复合体系统的描写与构建 ······ 113
5.1 引言 ·· 113
5.2 小句复合体的两类关系 ··························· 114
5.3 配列关系子系统 ···································· 117
5.4 逻辑语义关系子系统 ······························ 124
5.5 递归性子系统 ······································· 151
5.6 小结 ·· 153

第6章 配列关系的类型划分 ························ 154
6.1 引言 ·· 154
6.2 并列与主从的人际意义区分 ···················· 155
6.3 并列与主从的经验意义区分 ···················· 188

6.4　并列与主从的语篇意义区分 …………………… 191
　　6.5　小结 …………………………………………… 195

第7章　小句复合的渐变体现 ……………………………… 197
　　7.1　引言 …………………………………………… 197
　　7.2　小句复合连续统的功能阐释 …………………… 198
　　7.3　汉语小句复合连续统 …………………………… 211
　　7.4　小结 …………………………………………… 235

第8章　结论 ………………………………………………… 237
　　8.1　主要内容回顾与总结 …………………………… 237
　　8.2　应用与展望 …………………………………… 242

参考文献 ……………………………………………………… 244
附录：英汉术语对照 ………………………………………… 260

图表目录

一、图

图 3-1　极性系统 ·················· 46
图 3-2　析取与合取关系 ············ 46
图 3-3　递归性系统 ················ 47
图 3-4　语气系统 ·················· 48
图 3-5　语言是多层次的系统 ········ 50
图 3-6　核性与成分作为及物性结构的两方面 ······· 55
图 3-7　语法单位及其复合体 ········ 57
图 3-8　成分关系分析 ·············· 59
图 3-9　成分关系与配列关系分析 ···· 60
图 3-10　小句复合体分析 ··········· 60
图 3-11　言语功能与语气 ··········· 62
图 3-12　主位结构与信息结构分析 ··· 64
图 3-13　小句作为三大功能结构 ····· 65
图 3-14　小句连结的元功能分析概要 · 67
图 3-15　三个视角与元功能 ········· 69
图 4-1　级阶 ····················· 75
图 4-2　小句复合体的定位 ·········· 77

图 5-1	小句复合体系统	117
图 5-2	详述扩展子系统	130
图 5-3	延伸扩展子系统	138
图 5-4	增强扩展子系统	149
图 6-1	言语功能及其语气体现	156
图 6-2	小句系统	157
图 6-3	人际语法类型参数与并列、主从结构	171
图 7-1	小句与小句复合体的渐变体现等级	202
图 7-2	小句和小句复合体连续统	206
图 7-3	级阶上的渐变体现	208
图 7-4	词汇与语法的互补	233

二、表

表 1-1	术语对照	7
表 2-1	黎锦熙的复句分类	29
表 2-2	联合复句与偏正复句	32
表 3-1	汉语及物性过程与参与者类型	54
表 4-1	小句复合体中的连接者的地位分析	81
表 5-1	基本的小句关系	115
表 5-2	详述次范畴及其意义	125
表 5-3	延伸次范畴及其意义	131
表 5-4	增强次范畴及其意义	139
表 6-1	小句地位与语气的关系	158
表 6-2	汉语语气体现	160
表 6-3	语气标准下的并列与主从划分	170
表 6-4	并列关系小句复合体的次分	177
表 6-5	主从关系小句复合体的次分	182
表 7-1	人际语气在小句复合中的渐变体现	213

符号说明

1、2	并列小句
α	主要小句
β	从属小句
‖	小句复合体界限
∥	小句界限
《 》	表示包含在一个小句中的小句
[[ ]]	表示嵌入小句
{	表示合取关系
[	表示析取关系
=	表示详述关系
+	表示延伸关系
×	表示增强关系
"	表示话语
'	表示观点
^	表示排序关系
↘	表示体现关系

CCL　　北京大学中国语言学研究中心现代汉语语料库（网络版）

CNC　　国家语委现代汉语语料库（语料库在线）

第1章 导 论

作为普通语言学（general linguistics）和适用语言学（appliable linguistics）(Halliday 2006)，系统功能语言学（Systemic Functional Linguistics）适应范围非常广，有很强的实用性和可用性，系统功能语言学研究也一直是我国外语语言学界的热点。多年来，国内外的系统功能语言学者重视对汉语的功能角度分析（Halliday 1956/2007, 1959/2007; Halliday & McDonald 2004; McDonald 1992, 1996, 1998, 2004; 胡壮麟 1990/2008; Huang & Fawcett 1996; 黄国文 2006; 方琰 1989, 2001; 方琰 & McDonald 2001; Fang, McDonald & Cheng 1995; Long 1981; Zhu 1996; 张德禄 2009; Zhou 1997; Shum 2003; Li 2007; Yang 2007; 等等），然而，与系统功能语言学者研究英语语言现象取得的丰硕成果来比，运用系统功能语言学对汉语的研究仍很微薄（参见 黄国文 2009）。Halliday 本人在多个场合提到希望我国的学者能利用系统功能语言学的理论指导汉语研究（参见 常晨光 2010），同时，黄国文（2009, 2010）也多次撰文倡导我国的系统功能语言学研究要有"原创性和本土化"，其中一个研究角度就是"用该理论研究汉语，对汉语语言的特点进行系统、全面的描述和阐释,以此建立一个完整和系统的综合分析框架"(黄国文 2009:873)。系统功能语言学是源于对汉语的研究而建立和发展起来的语言学理论,应借助该理论体系,针对和根据汉语自身的特点加以系统研究(参见王红阳、黄国文 2010)。本书以此为指导思想,尝试用系统功能语言学理论研究汉语小句复合体(clause complex)现象。

1.1 研究背景

从马建忠《马氏文通》(1898/1983)开始,汉语复句[①]研究至今已有一百多年的历程,汉语复句研究也一直是汉语语法研究的一大组成部分。然而,到目前为止,复句研究仍存在很大分歧,其中最突出的也是核心的问题有两个:一个是复句的内部分类问题,另一个则是单复句划界问题。

关于复句的内部分类,根据第一层划分是否区分并列(或为联合、等立)与主从(或为偏正),传统语法学界主要有两种不同的认识。以黎锦熙(1924/1992)、王力(1943/1985)等语法学家以及由此衍生出的高校语法教材(如胡裕树 1995/2009;黄伯荣、廖序东 2002;等)先划分联合与偏正

[①] 国内学者一般将 clause complex 对等翻译成"小句复合体",也有学者采用汉语传统语法中的术语"复句"对应表述。我们认为小句复合体的所指要比复句宽泛,汉语传统语法中的复句不包括投射小句复合体。本书保留系统功能语言学与汉语传统语法两套平行的术语,以示区别。具体的术语对应请参见 1.3 小节的术语说明。

复句,再各进行语义小类划分。另外一种做法则是不做联合与偏正的区分。起先是简单地不作联合与偏正的第一层划分而直接采用第二层语义分类结果,如吕叔湘(1944/1985),吕叔湘、朱德熙(1952),张志公(1953/1959),邵敬敏(2001),等等;发展到后来,逐渐有语法学家或学者主张取消联合与偏正的划分,如邢福义(2001)、王维贤等(1994)、邵敬敏(2007)等,持这种观点的学者认为汉语复句没有联合与偏正之分是其一大特色。然而,目前的各大高校语法教学仍然主要采用联合、偏正划分分类。从而,焦点问题是汉语复句究竟有无必要取消联合(并列)与偏正(主从)的划分?赞成有联合(并列)与偏正(主从)划分的话,又如何来划分?

单复句划界难是汉语语法学界一致认同的一个事实,吕叔湘直指单复句划界是"讲汉语语法叫人挠头的问题"(1979:87)。传统语法的单复句研究一直执着于"非此即彼"的分类标准的探索上,郭中平(1957)对王力、吕叔湘等七大家的单复句划分标准进行了归纳总结,结果发现没有任何两家完全相同;与此同时,传统语法中对单复句划分存在一些不大一致的现象,如:

(1) a. 鉴于他有创造发明,单位给他评了先进。(周刚 2002:13)
    b. 因为他有创造发明,单位给他评了先进。
(2) a. 随着小熊日渐长大,它成了一个精明的猎手。(CCL)
    b. 小熊日渐长大,它成了一个精明的猎手。
(3) a. 因为这个错误长期残留在党内的缘故,因为在党内揭发与反对这种错误之斗争异常不够的缘故,

更因为这种错误是在实际工作与实际斗争中千百次重复表演的缘故,所以它给党、给革命的损害也最大。(邢福义 2001:58)
b. 当梅兰芳到达兰州的时候,受到了各界群众的热烈欢迎。

在传统语法研究中,上述例句(1a)、(2a)一般分析为单句,(1b)、(2b)则是复句,其根据是来源于介词与连词的语法划分,介词引导的是介词短语,连词连接的则是两个或以上的语法单位,如连接词组或短语,也可以连接小句。(1a)中的"鉴于"和(2a)中的"随着"是介词,与后面的主谓短语一起构成介词短语,充当整个小句的状语成分。而"因为"往往被视为介连兼类,当"因为"引导谓词性成分时是连词,引导名词性成分时则是介词。这样一来,同样可以是介词的"鉴于"和"因为"引导相同的语法结构时,其分析结果却不一样。如例(1),(1a)被处理为单句,(1b)则是复句;而(2b)因为没有介词"随着"的管辖,起始部分则分析为是个小句,与后面的小句构成复句。类似的矛盾也存在于例(3)这类现象中,(3a)和(3b)的起始部分是相同的形式结构,"因为"和"当"同为介词,然而,(3a)在邢福义(2001)中被列入复句,(3b)却普遍被归入单句。由此可见,介连词类划分并未根本解决问题,绝对的二分(dichotomy)结果无法让人信服。那么,单复句的划界问题如何从语言学角度来进行合理解释? 单复句划分问题与联合(并列)、偏正(主从)的划分又有没有内在关联性?

以上这些问题,关注人类语言的普遍性和个体性的类型学研究一直在进行探讨。从目前的文献来看,类型学研究大多认为，虽然不同的语言之间会出现不同的变体，并列结构和主从结构是人类大多数语言较为普遍存在的一种语法现象（Martin 2007；Thompson, Longacre & Hwang 2007）。目前，类型学研究大多是从形式的途径出发，而较少从功能的途径出发，本书尝试在系统功能语言学理论框架下对汉语小句复合现象做类型学研究，即汉语小句复合现象的系统功能类型学研究。

1.2 系统功能类型学

系统功能类型学（Systemic Functional Typology）概念是 Caffarel, Martin & Matthiessen 基于 Halliday 的两种分析范畴于 2004 年首次提出来的。Halliday（1992/2007）指出，语言学分析的范畴分为理论性范畴（theoretical category）和描述性范畴（descriptive category）两种。理论性范畴随着普通语言学理论的构建不断进化，适用于所有语言，具有普遍性和适用性；描述性范畴原则上则是应用于具体语言的具体分析，它们随着对特定语言的描述而进化，具有个体性。在这种理念基础之上，根据语言理论是普通语言学理论而语言描述是对特定语言的描写与解释的原则（参见 Caffarel, Martin & Matthiessen 2004），系统功能语言学家和学者们以该语言学理论为框架，从类型学的视角对人类多种自然语言如法语、日语、汉语、阿拉伯语、泰语、越南语、西班牙语等进行了系统功能类型学研究。该论文集 *Language Typology: A Functional Perspective* 标志着系统功能类型学的正式提出，此后涌现出一系列论文或专著，如 Caffarel（2006）、Teruya（2006, 2007）、Li（2007）、王勇和徐杰（2011）等等，系统功能语言类型学逐渐成为一大新兴研究方向。

系统功能类型学是对某一具体系统的类型研究,而不是如传统语言类型学那样是对整个语言的类型研究。本书尝试对汉语小句复合作系统功能类型学研究,从普遍特征入手,同时关注其不同特点,从类型学和拓扑学两个视角,采取静态研究与动态研究(参见 Halliday & Matthiessen 1999)相结合的方法进行综合分析,以系统地探讨汉语小句复合体现象。

1.3 术语说明

本书是在系统功能语言学理论框架中进行的汉语小句复合体研究,将涉及外文文献中的相关术语翻译与汉语传统语法术语之间的归化与异化的问题,而不同的语言学流派,有关"句"的术语有不同的内涵,为了不产生歧义,本书尽量保持平行的两套术语表述以作区分。汉语传统语法采用单句与复句的表述,在系统功能语言学中基本对应为小句与小句复合体,但横向比较而言,小句复合体所指较之复句要更为丰富,投射类的小句复合体在传统语法中归为直接引语、间接引语现象,不属于复句范围。与此同时,汉语传统语法中不谈嵌入关系,而是以主谓短语/谓词短语充当句子成分来进行表述。本书所涉及的小句复合现象的术语与传统汉语语法中容易混淆的术语的基本对应情况参见表 1-1。

此外,相关的术语翻译说明如下:小句复合体(clause complex)与小句复合(clause complexing)是对同一种语言现象不同角度的表达,小句复合体是小句彼此关联后的产物,而小句复合是指小句彼此关联的动态过程,可以说小句复合体是

表 1-1　术语对照①

	相互依赖（配列）关系		嵌入关系
	并列关系	主从关系	
投射	直接引语	间接引语	—
扩展	联合/等立	偏正	—
↓ 详述	解说	—	主谓短语/谓词短语
↓ 延伸	并列、递进、选择	—	主谓短语/谓词短语
↓ 增强	顺承	转折	主谓短语/谓词短语

小句复合的结果。小句复合相当于语言类型学、语法化流派中所谈论的小句联结（clause combination/linkage）。而关于连接、连结与联结，各自的内涵不同。连接（conjunction）是指语篇中两个小句之间使用的衔接手段，属于语义现象。Halliday & Hasan（1976）将连接分为结构性的（structural）和非结构性的（non-structural）两类，但在具体的分析中连接的所指更偏向是特指非结构性连接，这在 Halliday（1994/2000）、Halliday & Matthiessen（2004/2008）中也可得到印证——小句复合体中的连接词语（conjunctive marker）属于逻辑功能范畴，而两个彼此独立的小句之间的连接属于语篇功能范畴，对于后者 Halliday & Matthiessen（2004/2008）用 cohesive clauses 来区别于 clause complexes。因而，在本书中，**衔接连接**专指两个小句之间的衔接现象，用汉语传统语法中的**小句联结**表述小句关联

---

① 在表 1-1 中，我们用加粗线条标示系统功能语言学和传统语法两套术语分界线，外围的是系统功能语言学术语，内围的是传统语法术语。

成小句复合体的现象。在 Halliday 的理论构建中，他用 clause nexus 以区别三个或更多小句联结成的小句复合体，我们沿用黄国文（1998a）的翻译，将 clause nexus 表述为**小句连结**，特指两个小句联结成的小句复合体。

1.4 目标与研究问题

本书旨在在系统功能语言学的理论框架中探讨小句如何递归构成小句复合体，其中主要关注配列关系在小句复合体中的词汇语法体现；通过对小句复合现象的系统功能语言学分析，提供系统功能类型学的个案研究，并通过这个研究来检验系统功能语言学理论的汉语普遍性和适用性，进而从类型学的角度进一步丰富、充实系统功能语言学。为达成这个目标，本书主要围绕以下三个研究问题展开：

(1) 汉语小句复合体在语言系统中处于什么地位，又如何界定？

(2) 汉语小句复合体是如何形成的？又如何区分汉语小句复合体中的并列关系和主从关系？

(3) 从整个语言系统来看，汉语小句复合体呈现什么样的句法特征？

本研究具有理论和实践意义。首先，丰富并检验系统功能语言学理论。如 Matthiessen & Nesbitt（1995/1996）所言，对语言理论的具体语言描写与高度概括的语言理论之间的关系是标记（Token）与价值（Value）的关系，系统功能语言学是一种高度概括的理论，通过对汉语小句复合现象的系统功能语言学研究，系统功能语言学关于小句复合体部分的理论论述得以运用、实践，并从中得以检验。其次，尝试从一个新的角度来解释汉语小句复合现象，丰富汉语小句复合体的研究。最后，从小句复合体的教学与英汉互译来看，本书提供一个新的路径，促使教学者和翻译人员从语篇的层面看待小句复合体，而不是孤立地分析小句复合体。

1.5　语料和方法

本书是在系统功能语言学理论框架中解释汉语小句复合体，采用的语料主要来源于国内外相关研究以及北京大学汉语语言学研究中心 CCL 现代汉语语料库（简称为 CCL）和国家语委现代汉语语料库（缩略为 CNC），部分来自辞书、词典用例，还有小部分例句源自内省法并经由五个母语为汉语者验证。在语料来源标注方面，引用来自参考文献中的语料，标示出作者、年份与页码，其余的标注出作者与著作/文献名或语料库来源，采用内省法的语料则无标示。

本书主要采用定性分析和描写与解释的方法。从整体上看，本书采用演绎法，从理论到实践，也就是将已建立起来的、基于对英语语言分析的系统功能语言学理论运用到具体的汉语现象分析上，而在汉语小句复合体子系统进行细化时，又将采用归纳法，即从中归纳符合汉语事实的规律。

1.6　结构安排

本书从系统功能语言学理论出发，探讨汉语小句复合现象，主要包括八个章节，其中第4～7章为主体部分，以元功能为核心思想，结合层次与级阶的观点，从类型学和拓扑学相结合的视角，讨论分析汉语小句复合体中的配列关系类型、配列关系与成分关系以及衔接的独立小句之间的区分与渐变。本书结构安排如下：

第1章是导入部分，总起介绍本书的研究背景，确定研究目的与研究问题，说明语料来源与研究方法以及结构安排。第2章回顾梳理前人的相关研究，主要从两个方面展开：先从传统语法研究着手梳理，再归纳系统功能语言学视角下的汉语小句复合体研究成果。传统语法研究成果的梳理具体包括以下三个方面：①海内外汉语复句研究概况，以时间为脉络，从历时性的角度归纳评价汉语复句现象研究，从整体上把握汉语复句现象研究的动态；接下来两个方面的梳理是对具体问题的概括、归纳与反思。②关于小句间的配列关系，即并列关系与主从关系的划分，以不同的语法学家及其代表作品为线索，总结前人的成果，提出疑问，为主体部分的分析作铺垫。③对单复句划界研究的梳理及评价。第3章为理论框架陈述，主要从语言是系统的、多层次的和多功能的三个方面介绍本书将要运用的系统功能语言学理论。第4章到第7章是本书的主体部分，其中第4章结合层次、级阶、元功能的观点，分析汉语小句复合体在整个语言系统中的定位，并从元功能的视角对汉语小句复合体进行多方位的界定。第5章从整体上对汉语小句复合体进行系统功能类型学分析，通过对汉语小句复合体系统中的配列关系子系统、逻辑语义关系子系统和递归性子系统的描写与解释，最终构建汉语小句复合体系统网络。第6章运用多功能分析原则对汉语小句复合体中的配列关系进行类型划分。第7章从元功能结构的互补、层次的三个观察视角、词汇与语法的互补入手，结合渐变群的观点探讨汉语小句成分关系、小句复合配列关系以及衔接的独立小句之间的关联与渐变问题。第8章即最后一章，为结论，总结本书的重要研究成果、创新之处，以及存在的不足，并对今后的进一步研究提出设想。

第 2 章　文献综述

2.1　引　言

复句研究，从马建忠的《马氏文通》(1898/1983) 开始，至今已有一百多年的历程，语法学家和学者们从多个角度对汉语复句进行了多方位的探讨，取得了很多成果，研究的内容主要集中在以下三个方面：①复句的界定及其与单句的划分；②复句内部关系的分类；③复句关联方式，主要是对关联词语的分析。本书为系统功能语言学视角下的汉语小句复合体研究，对前人研究成果，我们先从整体出发，对复句研究做历时性回顾和简要概括，把握复句研究的发展动态，再集中到复句界定和复句分类两个问题，由于复句分类研究中已涉及对应的关联词语，不再对关联词语另作归纳。

2.2 复句研究概要

根据邵敬敏等（2009：156-157）的观点，汉语复句研究大致可以分为三个阶段：初始阶段、发展时期和深入时期，每一个阶段都有不同的特点。下面将以此时间脉络梳理出复句研究概要。

2.2.1 初始阶段

《马氏文通》（1898/1983）是我国第一部系统地描述汉语语法的专著，尚未使用单句、复句等术语，而是从句、读①入手来谈句子分类，"凡有起词、语词而辞意已全者曰句，未全者曰读"（385 页）；同时，将句子分为两类，一为"与句读相连者"，一为"舍读独立者"，并进一步将"舍读独立之句"分为四类："排句而意无轩轾者""叠句而意别浅深者""两商之句"和"反正之句"（429-435 页）。《马氏文通》对复句的研究为后来的研究起了"开路的作用"（陈中干 1995：3）。

刘复的《中国文法通论》（1919/1939）首次明确区分简句（即单句）和复句，"主词与表词相接而成句"（40 页），"凡以两个或两个以上的子句，合成的文句，叫作复句；不是这样的，就叫作简句"（74 页），并将复句分为主从和衡分两类，提出端句加句（即主句从句）位置不固定，也没有英语中的形式标记，只能"从意义上去区别他"（74 页）。《中国

---

① 根据朱德熙《汉语语法丛书》序，《马氏文通》中的"读"的范围大致相当于印欧语法里的子句（clause）和分词短语（participial phrase）。

文法通论》还探讨了包叠复句（Incapsulation Complex）[①]、扩充复句（Extended Complex）和减缩复句（Contracted Complex），用今天的术语来说，分别是包孕句、多重复句和紧缩复句，这在可查证的汉语语法学史上尚属首次。

金兆梓的《国文法之研究》（1922/1983）对句子的分类与复句的看法是在刘复的《中国文法通论》基础上的扩充，其描述更为详细、透彻。金兆梓率先强调"'句'是一个意义的独立单位，表面上的字数形式却可不重视"（39页），给句下定义为："凡一个字或合几个字，有名学上的主词和表词，而足以表示一个完全意义的就是句"（56页），"句与句连合表示一个完全意义的，就叫作复句（Complex sentence），而构成复句的简句，就叫子句（Clause）"（39页）。此外，《国文法之研究》首次从位置和虚字两个层面探讨了复句中子句的先后位置以及连接词语（虚字），并从对比的角度指出了英语与汉语在连接词语使用方面的不同之处。

黎锦熙的《新著国语文法》（1924/1992）是我国第一部描写白话文法的语法专著，对后来的语法研究与教学产生了深远的影响，目前，大多数高校语法教材所采用的复句"二分法"就是在其复句研究的基础上发展起来的。黎锦熙对复句研究的贡献主要在于他对复句进行了细致的分类：等立复句，从分句之间的关系上分为平列句、选择句、承接句和转折句；主从复句，根据从句的职能分类，分为时间句、原因句、假设句、范围句、让步句和比较句六类；此外还分类列举讨论了各类常用的连词。然而，《新著国语文法》中黎锦熙认为复句包括包孕复句，这一点受到众多语法学家和学者的质疑，他本人

[①] 术语首字母的大小写沿用原文，下同。

后来也否定了"包孕复句说"(黎锦熙、刘世儒 1957);同时,"复述语"的说法,混淆了单句和复句的界限。

王力的《中国现代语法》(1943/1985)首次提出"语音停顿"作为单复句划分的一个重要标准,并且主张将包孕复句从复句中划分出去;同时还分析了"多合句(即多重复句)"中等立与主从交织配用的五种形式,在其后来的《中国语法理论》中,王力首次提出"意合"之说,"中国的复合句往往是一种意合法……在平等的语言里不用连词的时候比用连词的时候更多"(1946:115)。

吕叔湘的《中国文法要略》(1944/1985)详细地探讨了各种语义关系,分为离合·向背、异同·高下、同时·先后、释因·纪效、假设·推论和擒纵·衬托。同时,吕叔湘认为,各种语义关系的划分不是绝对的,"正如在某种光线底下看某物体的面,因为角度的不同,时而是这一个颜色,时而是那个颜色"(410页)。

总体而言,初始阶段的复句研究,起先是对西文文法的简单模仿,发展到后期,开始注意汉语本身的特点,为后人的研究打下了坚实的基础。

2.2.2 发展时期

这个时期的研究,归纳起来可以说主要是进行了语法学史上有名的"汉语单句复句划分问题"大讨论,从孙毓苹的《复合句和停顿》开始,《中国语文》1957年连续刊登了一系列讨论单复句划分的文章。其中,郭中平(1957)对比了黎锦熙、王力、吕叔湘、语法小组和张志公对单复句划界问题的意见,归纳出结构、意义关系、语音停顿、连词、其他关联词语和谓语的多少与繁简这六个划分标准,而这五家的看法没有完全一致的，原因就在于各家采用的标准不一致，进而提出单复句划分存在很多问题。刘世儒（1957）主张以"成分划定法"来区分，也就是从结构上区分，单句是由主语、谓语、宾语、足语、定语等成分构成的，而复句是以句子为单位，由几个小句子（即分句）构成的："凡包有几个语言单位的，其中有一个或几个能够被划定为另一个语言单位的成分的，这种语言单位就是单句；反过来说，凡不能够被划定为另一个语言单位的成分，而只能各以句子资格互相连接起来的，这种语言单位就是复句。"（21页）这个从构造上来区分单复句的观点当时以至后来都有很大的影响。这次讨论，除了单复句划分问题之外，还涉及了包孕句的归类问题、复句内部划分标准问题和简单句的分类问题。总体来说，在单复句划分问题上达成了两个共识：一是复句的分句互不充当对方的句法成分，在结构上具有独立性，在意义上则彼此关联；二则包孕句是主谓词组充当谓语的单句，从而取消了包孕复句说。关于单复句的划分问题，下文2.3.2小节将进一步梳理归纳。

2.2.3 深入时期

深入时期的前期涌现了一大批复句专题研究的文章与著作，如《关联词语》（《关联词语》编写组1981）、《偏正复句》（林裕文1984/2002）、《复句·句群·篇章》（王缃1985）、《现代汉语复句研究概况》（林立1987）、《复句与表达》（林杏光1986）、《现代汉语复句》（刘振铎1986）、《复句》（黄成稳1990）、《现代汉语复句研究》（陈中干1995）、《现代汉语复句研究》（赵恩芳、唐雪凝1998）等。从这些研究的涌现我们可以看到，复句逐渐受到语法学家和学者的关注，成为语法研究的一大组成部分。

深入时期后期的复句研究,从研究方法和研究角度来看,呈多样化的趋势,主要表现为结合其他学科理论进行的复句研究,其中国内成就最大的是王维贤等(1994)和邢福义(2001)结合逻辑学理论进行的复句研究。

王维贤等(1994)结合逻辑分析,运用句法分析的三个平面理论对复句的句法特征、关联词语、形合句意合句以及复句的分类进行了多方面讨论。其中,对复句的分类按照层层二分的原则,首先划分出形合句和意合句;形合句分为单纯的和非单纯的两类,单纯的关联词连接的复句进而分为"条件的"和"非条件的",其中"条件的"又继续分为一般条件句和复杂条件句,而一般条件句又分为必要条件句和非必要条件句,复杂条件句分为假设句和非假设句,层层套进,不断细化。

邢福义(2001)从复句的定义、单复句的划分、复句关系词语以及复句的内部分类等方面对复句做了全面的探讨,并着重分析了复句的内部分类问题。邢福义提出,"复句的构成单位,从构成基础上看,是小句;从构成的结果看,是分句"(5页),各分句具有相对独立性和相互依存性;认为关系词语有显示、选示、转化、强化四种作用;同时,着眼于分句与分句之间的关系,根据"从关系出发,用标志控制"的原则,将复句分为因果类、并列类和转折类。因果类复句是表示广义因果关系的各类复句的总称,根据关系标志,可以分为因果句、推断句、假设句、条件句、目的句等;并列类复句以"并列聚合"的共同点为根基,根据关系标志,可以分为并列句、连贯句、递进句和选择句;转折类复句是表示广义转折关系的各类复句的总称,同样根据关系标志,可以分为转折句、让步句和假转句。邢福义的复句研究,结合了大量的语料佐证,坚持了汉语语言学研究强调从语言事实出发的传统,结合逻辑学理论来进行复句研究，毫无疑问，是迄今为止汉语界最为详尽、细致的复句研究。

近几年来的复句研究主要有以下成果：从信息处理角度出发对复句关联标记进行研究的如姚双云（2008）《复句关系标记的搭配研究》等；关联标记模式研究成果如储泽祥、陶伏平（2008）对因果复句关联标记模式的探索；此外，还有朱斌、伍依兰（2009）对小句类型联结的研究，罗进军（2009）对复句层次关系进行研究的，等等。

境外的复句研究主要有以下这些：Chen（1980）参照Chomsky、Fillmore以及国内汉语学界的做法，从形式句法出发探讨了汉语依赖小句（dependent clause），具体地说，是宽泛概念下的复杂句，其中包括包孕句。他将包孕句视为嵌入句，由主句和包孕子句构成，包孕子句分为名词性子句、关系子句和状语子句，并将状语子句分为两类，即修饰主要动词的嵌入性质的程度状语和修饰主要小句的状语从句（传统汉语语法称之为偏句）。Chen赞同从属小句派生于联合结构（conjoined structures），而不是嵌入结构。Eifring（1995）从语义特征以及句法表现两个方面对汉语小句的连接类型进行了细致的描写与解释，他区分了单核句（monocentric sentences）和多核句（polycentric sentences），从词类、指称方向、位置、指称范围四个方面将小句间的连接词进行分类，同时探讨了语篇组织层面上的连接形式以及没有使用连接词的小句联结情况。Lai（2004）从语法研究的三个平面入手探索了现代汉语复句在句法、语义、语用上的特点，并对复句与句群进行三个平面的对比，其中值得一提的是，他结合运用了 Halliday & Hasan（1976）的语义衔接与连贯理论来分析复句的衔接连贯。此外，Li（1991）对比分析了汉语与英语中的并列、主从复句中的连接词以及语篇中显性的和隐性的连接手段的相同点和不同点。Fu（1996）以角色与指称语法（Role and Reference Grammar）为理论基础探讨了汉语复杂句中的小句联结关系，他将三个联系关系范畴和三种句法层次结合起来，得出六种联结类型，这六种类型在句法关系紧密度阶上呈现连续统，而联系关系和句法关系紧密度的互相作用是汉语复杂句的一大特色。

总而言之，深入时期的汉语复句研究视角呈现多样化趋势，语义研究成果丰硕，尤其是邢福义对复句语义关系的描写与分析建树颇多，以其为代表主张取消并列主从划分的观点也在很大程度上影响了汉语界复句研究的走向。相比较而言，汉语复句的语法研究略显单薄。

2.3 复句的界定及其单复句划分

2.3.1 复句的定义

汉语语法学界对复句的定义，一直没有定论。金兆梓的《国文法之研究》（1922/1983）在刘复（1919/1939）的基础上，提出"'句'是一个意义的独立单位"，"句与句连合表示一个完全意义的，就叫作复句（Complex sentence），而构成复句的简句，就叫子句（Clause）"（39页）。这个定义是用句来定义复句，认为复句由简句构成，将句、简句和复句混为一谈，复句的概念仍不清楚。然而，此后很长一段时间，复句的定义仍停留在这种以单句（简句）定义复句的阶段，例如：何容（1942/1985）称，"复句则由单句构成"（71页）；吕叔湘、朱德熙（1952）认为，复句（复合句）"是由两个简单的句子拼起来的，原先那两个句子，就它们作为复合句的部分说，我们管它叫'分句'"（6页）；丁声树等（1961/1979）称，"复句是由几个意思上有关系的句子组成的"（131页）；黎锦熙、刘世儒（1957）认为，"凡句子和句子，以一定的逻辑关系，用（或者可能用）和逻辑关系相适应的连词或关联词语联接起来，因而具有巨大的（或可能是巨大的）意义容量的语言单位叫复句"（20页）；等等。对此，朱德熙（1983）指出，说复句是由单句组成的是有问题的。语法学家和学者们也一直在努力寻求一个适合的复句定义。吕叔湘（1944/1985）尝试用"词结"（相当于主谓结构）来说明问题，他提出，"句子可以分别'简句'和'繁句'；只包含一个词结的是简句，含有两个或更多的词结是繁句"（88页），并区分了繁句和复句，繁句"里头的词结一个套住一个，是拆不开的，假如拆开，一定有一个词结站不住"，复句"里头的词结是拆得开的"（89页）。邢福义（2001）指出，复句是由两个或两个以上主谓句或非主谓句组成的句子，即复句也可以由非主谓句组成。王力（1943/1985）强调语音停顿，提出复（合）句是"由可以用语音停顿隔断的两个句子形式构成者"（67页）。高明凯（1957/1986）指出，复（合）句"各句子彼此分立而有关联，并不是哪个句子被包含在另外一个句子里"（422页），这与刘世儒（1957）的"成分划定法"区分单复句观点相同，"彼此互不包含"的观点得到广泛接受。目前，较为通用的复句定义为"由两个或几个意义上相关、结构上不包含的单句形式组成的句子"（黄伯荣、廖序东2002：150）。然而，以单句来定义复句的问题仍没解决。对此，邢福义（2001：1）定义复句为"包含两个或两个以上分句的句子"，并对复句的定义进行了诠释：

> 复句的构成单位,从构成基础看,是小句;从构成的结果看,是分句。一个复句一旦成立,它的构成单位便不再是独立的、各自成为单句的一个一个小句,而是既相对独立又相互依存的一个一个分句。……作为复句构成的基本元素,复句里的各个分句具有相对独立和相互依存的特征。(邢福义 2001:5)

这个解释在一定程度上解决了由单句定义复句的循环论证问题。然而,邢福义的这个定义仍是建立于将句子分为单句和复句的基础上,他认为,复句和单句一样,有一个统一全句的语调①,句末有一个中止性停顿,却未对分句特点做进一步解释。分句和单句(小句)的区别是什么?从邢福义的话语中,我们是否可以推断出他认为分句没有语调?我们不能过度推断,但是,"复句和单句一样有一个统一全句的语调"这个表述的正确性还有待商榷。如:

(1) a. 他还能闻到妻子发梢发出的淡淡清香,那是多么熟悉而又令人陶醉的芬芳啊。(周斌、伍依兰 2009:131)
  b. 你来个独唱,你会唱《鸽子》吗?(邢福义 2001:24)

---

① 汉语中,识别语气的主要手段是语调,在书面语中,则用不同的标点符号表示,陈述语气一般用句号,疑问语气用问号,感叹语气一般用感叹号,邢福义(2001)把这些符号称为"标句点号"。他所说的"复句有一个统一全句的语调"是指书面语中的复句只有一个"标句点号",即通常情况下,一个句号、问号或感叹号标明一个句子。

c. 早些时候谁料到"海马"有今日的昌盛和庞大，以为不过是个文学沙龙罢了。（邢福义 2001：23）

　　以上三个复句都是由两个分句构成，(1a) 中第一个分句是陈述语气，第二个分句是感叹语气；(1b) 中第一个分句是祈使语气，第二个分句是疑问语气；(1c) 中第一个分句是疑问语气，第二个分句是陈述语气。这些复句中的两个小句之间的逗号可以相应换成句号、句号和问号，语义也没有发生什么改变，因而，我们也可以说复句和句群一样，在语音上是语调序列。由此可见，分句、小句、复句之间的问题仍没有得到很好的解决。

2.3.2　单复句划分

　　复句难以定义，实质上反映出单复句划界难的事实。吕叔湘（1979）直指单复句划界是个让人挠头的老大难问题，汉语语法学界对单复句的划分标准也在不断探索中。归纳起来，单复句划分有四个标准：意义标准、语音标准、关联词语和结构标准。

　　首先是意义标准。从意义上看，一般认为复句表达的意思比较复杂（参见 张志公 1953/1959；赵恩芳、唐雪凝 1998）。这种看法并未获得广泛的支持，因为单句同样可以通过复合主语、复合宾语和包孕句等形式表达复杂的语义。

　　接下来看语音标准。语音停顿作为复句界定的标准是王力（1943/1985）提出来的，针对当时包孕句被看作复句的一种，他指出，复合句可以用语音停顿隔断，而在被包含的句子形式的起点或终点不能有语音停顿，例如，"二人来至袭人堆东西的房门"不能念成"二人来至，袭人堆东西，的房门"，从而将包孕句从复句中划分出去。吕叔湘也认为语音停顿是个重要的界定标准，动词连起来做谓语，"倘若中间有隔断，那就也可以把它当作复合句看待了"（吕叔湘 1956：77）。如：

(2) a. 这个青年有理想有作为。（吕叔湘 1956：77）
　　b. 这个青年有理想，有作为。（同上）

例（2a）"有理想有作为"中间没有停顿，联合起来充当谓语，整个句子是单句；而例（2b）有停顿，则是个复句。对于这类现象，丁声树等（1961/1979）也明确表示，"并列的谓语都在主语后头，中间有停顿，可以算是复合句，也可以算是简单句"；"并列的谓语都在主语后头，而又没有停顿，就是简单句"。他还指出，复句"也有可以停顿而不停顿的，句子总很短"（133 页），也就是紧缩复句。从王力（1943/1985）、吕叔湘（1956）的用例来看，他们也赞同将紧缩式归入复句。因而，语音停顿可以作为判断复句的一种标准，但不是必要标准，不能仅凭语音停顿就划分出单复句。

再来看关联词语。关联词语在复句的表达中有很重要的作用，然而，在汉语中，复句可以不用关联词语直接由小句组合而成，并且很多关联词语不仅仅可以用来连接分句，同样可以用在单句中。从而，关联词语不是单复句划分的重要标准，这一点在语法学界也达成了较为一致的看法。

最后是结构标准。结构标准是目前划分单复句最主要的标准，即，复句的分句之间"结构上互不包含，互不充当句子成分"。这个标准本身是正确的，然而，在实际操作上还存在很多问题。比如，是句子成分里的联合、偏正还是复句的分句与分句之间的联合与偏正，是单句中的状语成分还是复句中的分句，都造成很多混淆的地方。林裕文（1984）谈论偏正复句与单句的界限问题，注意到两个难以界分的现象：①连词与介词的纠缠；②偏句同附加成分的纠缠。连词后接的不是主谓结构而是一个词或其他结构，如指示代词或疑问代词、实词或词组时，意见不统一。如：

(3) a. 只有这样，我们才能在确实可靠的基础上制定和实现我们的计划。（林裕文 1984：11）
　　b. 因为这个缘故，他昨天没有来。（林裕文 1984：12）
　　c. 因为冷，所以河水结了冰。（同上）

林裕文指出，例（3a）通常被认为是复句，（3c）中"因为"和"所以"相互呼应，应为复句，由此（3b）也应当处理为复句，可以看成是非主谓句充当分句；而对于下面这两组例句，（4a）和（5a）是复句，（4b）和（5b）是单句，因为"对于"是介词，"因为"是连词。

(4) a. 因为没有经验，我们走了一些弯路。（林裕文 1984：13）
　　b. 对于学习理论，大家都没有意见。（同上）
(5) a. 我们因为没有经验，走了一些弯路。（同上）
　　b. 大家对于学习理论都没有意见。（同上）

目前，对于（4）、（5）这样的区分，基本没有异议，而以下现象却存争议。

(6) a. 要是他来找我的话，你说我就回来。（林裕文 1984：16）
  b. 他找我的时候，你说我就回来。(同上)
  c. 他出国之前，曾经来看过我。(同上)

林裕文认为例（6a）是复句，而（6b）和（6c）是单句，基于如下理由：①若看成是复句，分句的结构不好划分，一般的偏正复句中的偏句没有这种结构；②可以加上介词"当"成为介词结构，同原来的结构形成平行的结构。然而，在涉及连词和介词的书中，我们发现，介词后跟主谓结构的情况，汉语语法学界往往将其处理为状语成分，而其中很多可以替换成没有争议的连词加小句，也就是变换成大家公认的分句形式，或者去掉介词可以作为分句的，如：

(7) a. 鉴于他有创造发明，上级部门授予他荣誉称号。（周刚 2002：13）
  b. 因为他有创造发明，上级部门授予他荣誉称号。
(8) a. 除了你去过，我们都没去过。（吕叔湘等 1995：126）
  b. 只有你去过，我们都没去过。
(9) a. 当尖嘴的布谷鸟一叫，人们就在这荒野进行了第一次播种。（周刚 2001：12）
  b. 尖嘴的布谷鸟一叫，人们就在这荒野进行了第一次播种。
(10) a. 随着小熊渐渐长大，它成了一个精明的猎手。（CCL）
  b. 小熊渐渐长大，它成了一个精明的猎手。

上述（7）、（8）两组例句中，作者将例（7a）和（8a）中的"鉴于""除了"处理为介词，介词介引主谓结构，是单句；如果把介词"鉴于"替换成"因为"、把"除了"替换成"只有"，如例（7b）和（8b），便是没有争议的复句。其中，"因为"既可以充当连词也可以充当介词，语法学界是公认的，因此，"因为"后跟随主谓结构是分句，跟随名词性成分是状语成分。然而，这里对"鉴于""除了"为什么又是另一套标准呢？在（9）、（10）两组例句中，去掉介词"当""随着"，前半部分是无可争议的分句，这样一来，对介词后跟小句形式的现象是否应当重新思考，这是个问题。

由于单复句划分模糊，一些语法学家和学者就不涉及单复句的划分。如李英哲、郑良伟的《实用汉语参考语法》，他们采用零标志和有标志来讨论并列和主从。孙良明（1982、1983、1994）干脆主张取消单复句划分。而王维贤等（1994）认为单复句很难"一刀两断"，没有非此即彼的简单界限，必须承认过渡现象和中间状态的客观存在。邢福义（2001：566）指出："单复句之间存在'剪不断理还乱'的纠结现象，这是客观事实。……显然，要想在二者之间划出一条'泾渭分明的界限'，这是徒劳无功的努力。在笔者（按：即邢福义）看来，教学中关于单复句的区分，可以作出硬性的'霸道'的规定，但从学术上研究复句问题，不应该沉溺到'划界'问题里头，而应该集中精力对复句自身的规律性从各个方面进行深入的挖掘，作出有利于深刻认识复句的描写与解释"。Lai（2004）指出，强要划清单复句的界限难有必定的标准，不承认单句和复句的区分和对立则是不客观的。单句与复句的过渡现象又是怎样的情形呢？邢福义（2001）认为单复句纠结的突出表现是核异质、无核距、有共同包核层、有特定的关系标记,其中,核异质是指结构核具有不同的性质,如谓词核与名词核,无核距则是指没有语音停顿。应该说,这些只是单复句纠结的典型特征,而未能从根本解决单复句划界问题。张雪涛、唐爱华(2005)运用认知语言学的原型理论来解释单复句划界问题,认为"单句和复句是句子范畴内的两个下位原型范畴,这两个范畴不是离散性的,而是一个相接的连续统,因此单复句的区分不能用充分条件和必要条件作为界定的标准"。用连续的观点来看待单复句划分问题,这是个新的尝试。但遗憾的是,张、唐文只是结合具体例句说明单复句是个连续统,而未进一步归纳单复句连续统的参数。

2.4 并列关系与主从关系的争论

我们谈论并列关系和主从关系的特点,是结合小句复合现象来谈的。汉语传统语法中关于并列(等立/联合)和主从(偏正)的讨论是在复句内部分类问题中进行的,从而,当我们说并列关系与主从关系的划分,实质上也是谈论复句的分类问题。关于并列关系与主从关系的争论,主要有两个方面:第一,有无必要区分并列与主从;第二,如何区分并列与主从。

2.4.1 有无必要区分并列关系与主从关系

关于汉语复句究竟有没有必要区分并列关系和主从关系的问题,传统汉语语法学界分歧很大,归纳起来,主要有赞成进行并列与主从划分、不谈论并列与主从的划分以及主张取消并列与主从的划分这三种观点。下面我们按出现的时间先后顺序梳理这三种不同的处理方法。

2.4.1.1 有并列与主从的区分

黎锦熙（1924/1992）将复句分为等立复句、主从复句和包孕复句（见表2-1）。"两个以上的单句，彼此接近，或互相联络，却都是平等而并立的，这种复句，叫等立句"（198页）。等立句分为平列句、选择句、承接句和转折句四类。主从复句则是"两个以上的单句，不能平等而并立，要把一句为主，其余为从"的复句（211页），分为时间句、原因句、假设句、范围句、让步句和比较句六类。包孕复句是"一个'母句'包孕着其余的'子句'……被包孕的'子句'，只当母句里边的一个词看待"（187页）。由于包孕复句的争议大，黎锦熙、刘世儒（1957）将其从复句中划分出去。

我们以黎锦熙对等立复句和主从复句的划分为参照，将之后出现的分类结果与之相比较以找出不同。由于语法学家和学者们在分类时使用不同的术语，为了方便比较，我们忽略术语的不同，而重在对内容的比较上。

与黎锦熙的复句分类比较，王力（1943/1985）同样区分了等立复句和主从复句，等立复句包括积累式、间接式、转折式、按断式和申说式；主从复句分为时间修饰、条件式、容许式、理由式、原因式、目的式和结果式。细分的类别有所不同，但在等立和主从的划分上，基本相同。一大不同是将包孕复句剔除出去，使之与复句（复合句）分开来。高明凯（1957/1986）也区分了并列复（合）句和主从复（合）句，并列复句包括累积式、对抗式和选择式；主从复句分为意义层层加强的、因果的、条件的、意思更加肯定的、对比的、既成事实的。与黎锦熙的分类相比，高明凯认为，"不但P，而且Q"是主从复句，如：

(11) 我做的事永远正大光明，不但不怕教大家知道，而且愿意教大家知道！（高明凯 1957/1986：426）

表2-1 黎锦熙的复句分类［根据黎锦熙（1924/1992）整理而成］

第一层	第二层	第三层	关联词语
等立复句	平列句	等价的	并且；也；又
		分割的	
		进层的：由对比正推而进	既（然）P，又Q；不但P，而且Q
		由较量反激而进	尚且P，何况Q；连P都Q
	选择句	两商的	或者P，或者Q；还是P，还是Q
		相消的：并举事实	不是P，就是Q
		反推因果	P，不然；P，否则Q
	承接句	顺序的：表事势之相接	P，于是Q；P，就Q
		表事效之相因	P，这才Q；P，只好Q
		类及的	P，至于Q；P，说到Q
		推证的：重在解释或证明	P，换一句话说，Q
		重在推论或判断	P，可见Q
	转折句	重转的	P，但是Q；P，然而Q
		轻转的	P，只是Q；P，但是Q
		意外的	P，不料；P，反而Q
主从复句	时间句	同时	当P，Q；等到P，Q；趁P，Q
		前时	P以前，Q；当P以前，Q
		后时	P以后，Q
		永久时	自从P，Q

续表 2-1

第一层	第二层	第三层	关联词语
主从复句	原因句	连词用在从句的 连词用在主句的 主从各有连词相应的 不用连词的 插一个"连词语"的	因为 P，Q；为了 P，就 Q P，所以 Q；P，因此 Q 因为 P，所以 Q P，Q P，为什么呢，Q
	假设句		如果 P，就 Q；P 时/的时候，Q（部分）
	范围句	积极的条件：重在提条件 　　　　　　重在表方法 消极的条件 无条件的	只要 P，就 Q （一）经 P，Q 除非 P，Q；除 P 外，Q 无论 P，Q；不管 P，Q
	让步句	表事实上之认容 表心理上之推宕	虽然 P，Q；尽管 P，Q 哪怕 P，Q
	比较句	平比 差比：表过于所比的 　　　表不及所比的 审决	P，好比 Q；P，像 Q P，赛过 Q； P，不如 Q 与其 P，不如 Q；与其 P，宁可 Q

同时，高明凯划分出对比复句，将"越 P，越 Q"归为主从复句，这与黎锦熙的比较复句略有不同；其区分的"既成事实，相应事实"的复句，即"既然 P，就 Q"为主从复句，黎锦熙在并列复句下的进层复句中提到"既然 P，又 Q"，仔细比较这两个不是同一类句子，不算是不同的分法。

丁声树等（1961/1979）将联合复句分为连贯句、联合句、交替句、对比句，偏正复句分为因果句、让步句、条件句。其中，他们将"否则""要不然"归入特殊的条件句，属于偏正复句，与黎锦熙（1924/1992）归入联合复句下的选择句不同，如：

(12) a. 我看书要戴眼镜，否则简直看不清楚。（黎锦熙 1924/1992：204）
　　　b. 对于只懂理论不懂得实际情况的人，这种调查工作尤有必要，否则，他们就不能将理论和实际相联系。（丁声树等 1961/1979：139）

同时，丁声树等（1961/1979）将"但是"归入对比句，属于联合复句；"虽然 P，但是 Q"归入让步句，属于偏正复句，这与黎锦熙的处理略有不同，但联合、偏正的划分是一样的。林裕文（1984/2002）将偏正复句分为因果、转折、条件和让步四类。其中，较之黎锦熙的分类，他们将"可见""既然"归入一类，同为因果关系，"虽然 P，但是 Q"与"P，但是 Q"同归入转折，"即使 P，也 Q"归入让步关系：都是偏正复句。王缃（1985）将联合复句划分为并列、承接、解说、进层、选择和转折，偏正复句则包括因果、条件、假设、让步、时间和比较，他的分类与黎锦熙的很接近，但他区分了两种推论，一是解说关系下的推知理由或实况，如"可见"，属于联合复句，另一个是因果关系下的推论结果，典型的连词为"既然"，属于偏正复句。刘月华等（2001）将联合复句分为并列（包括对比）、承接、递进和选择四类，偏正复句分为因果、转折、条件、假设、让步、取舍、目的、时间和连锁九类。

从上面的比较来看，主要问题集中到三个点上：①转折关系是属于联合复句还是偏正复句？转折关系和让步关系是否要区分对待？集中反映到对"P，但是Q"和"虽然P，但是Q"的处理上；②取舍关系，即"与其P，不如Q"是联合复句还是偏正复句；③时间关系、比较关系是否应列为偏正复句中的一类。现行的各大高校《现代汉语》教材（采取了联合、偏正划分的教材）对这些问题基本上倾向于一种意见，即：不管转折关系和让步关系区分与否，都属于偏正复句；取舍关系并入选择复句，属于联合复句；不再单独设立时间、比较复句。主要的四个《现代汉语》教材的分类列举如表2-2所示。

表2-2 联合复句与偏正复句（摘选自邵敬敏2007：94）

主编	书名	出版社	第一层	第二层
胡裕树	现代汉语	上海教育出版社（1995年增订版）	联合 偏正	并列、连贯、递进、选择 因果、条件、让步、转折
黄伯荣 廖序东	现代汉语	高等教育出版社（2002年增订三版）	联合 偏正	并列、顺承、解说、选择、递进 转折、条件、假设、因果、目的
钱乃荣	现代汉语	江苏教育出版社（2001年修订本）	联合 偏正	并列、连贯、递进、选择 转折、因果、顺推、让步、条件、目的
张斌	现代汉语	复旦大学出版社（2002年第一版）	联合 偏正	并列、顺承、递进、选择、解注 因果、假设条件、转折、让步、目的

然而，这并非说问题就得到了圆满的解决，接下来看不区分并列与主从的两种做法。

2.4.1.2 没有并列与主从的区分

对复句进行内部划分而没有涉及联合与偏正区分的，最早当属吕叔湘的《中国文法要略》。吕叔湘（1944/1985）详细地探讨了小句间的各种语义关系，分为离合·向背、异同·高下、同时·先后、释因·纪效、假设·推论和擒纵·衬托六种关系，这种只关注语义关系的做法给邢福义等后来的复句分类以启示。同样，吕叔湘、朱德熙（1952）也没有区分联合与偏正关系，但同时也没有明确表明对联合与偏正划分的态度。张静（1986）对于直接分类的做法进行了解释，认为把复句分为联合与偏正是可以的；为了减少一层手续，直接把复句分为八类。刘振铎（1986）提及了联合与偏正划分，但他认为"在语言实际中，这种分类方法往往出现一些难以划分的情况"（18页），因而，他直接排列出十二类不同关系的复句。

从目前来看，这种一层多分的分类法在语法学界采用得不多。林立（1987）、黄成稳（1990）、王维贤等（1994）等没有区分联合、偏正，也没有对这种划分法做评价，他们采用层层二分的办法。

2.4.1.3 反对并列与主从的区分

针对第一层分为联合复句与偏正复句的做法存在一些难以区分的现象，一些语法学家和学者们在不区分并列与主从复句的基础上更进一步，主张取消并列与主从的第一层划分。邢福义（2001）认为，联合、偏正二分系统存在不少问题，主要有以下三个：

（1）解释不清语言事实。比如，并列、连贯、递进这些联合复句，分句与分句并非总是平等的，不分主次；同时，偏正复句的偏句与正句难以区分，如：

(13) a. 除非你答应结婚，否则我不理睬你！（邢福义 2001：53）
　　 b. 除非他临时有事，否则他肯定会来！（同上）

邢福义指出，例（3a）中正意在前分句，例（3b）中正意在后分句，根据偏正复句是前偏后正的说法，这显然很矛盾，因而认为联合与偏正的划分解释不了丰富复杂的语言事实。

（2）跟标志相冲突。比如，"P，但是Q"归入联合复句，而"虽然P，但是Q"归入偏正复句，邢福义表示，将分句之间都用了转折词的复句分为两块，这种做法难以接受，从而指出，"偏正"是意念上的东西，按"偏正"分类容易造成系统的混乱。

（3）缺乏形式依据。邢福义指出，联合复句并非都是非封闭性的，有些偏正复句也可以延长关系，并非都是封闭性的，因而，从结构形式上区分联合与偏正难以划分清楚。

邢福义的这三个问题，前两个是针对联合、偏正的语义区分标准来说的，后一个则是对结构标准的反驳。对于邢福义提出的这三个问题，我们解读出两点：第一，联合与偏正的划分标准还存在很多漏洞；第二，传统语法联合复句与偏正复句的划分确实存在不妥之处。

然而，对于是否取消并列主从划分，还有待商榷。有如邵敬敏（2001），出于教学简便的考虑，不进行联合与偏正的划分，直接划分出并列、连贯、递进、选择、补充、因果、条件、转折、让步、目的关系，不过，后来他重新思考复句的划分时，反思这种做法"是回避问题，省略了一个层次或步骤，但在学理上却有所欠缺"（邵敬敏 2007：95）。

再回到上文的黎锦熙复句分类表，我们可以清楚地看到，传统语法复句分类先将复句分为联合与偏正两类，进而联合复句和偏正复句各分为多个小类，第一层划分是根据分句之间的地位来划分的，第二层关系则是按照分句之间的语义关系划分的，将分句之间的语义关系类型一分为二派给按分句间地位划分出的联合复句和偏正复句，实际上是将分句间的两种不同的关系排出上下等级，或者说将语法关系人为地凌驾于语义关系之上，从而，与其说是联合和偏正本身的问题，不如说是这种关系排列上的问题。接下来我们来看联合与偏正划分标准问题。

2.4.2 并列关系与主从关系的区分标准

并列关系复句和主从关系复句应该如何区分，语法学家和学者进行了多方面的探讨，下面我们主要从语义重心、结构特点、连接词语、词序（句序）四个方面进行归纳总结。

2.4.2.1 语义重心

语义重心标准是从意义上进行区分。联合复句的各个分句"有平等的价值"（王力 1943/1985）；偏正复句的分句有主要与次要之分，正句表达主要意义，偏句表达次要意义。然而，以语义重心作为单一的标准，具体操作时主观性介入，容易产生不同的分类结果。如黎锦熙（1924/1992）、王力（1943/1985）将"但是"归入等立复句，而后来的语法教材体系，如胡裕树（1995/2009）、黄伯荣 & 廖序东（2002）将"但是"归入偏正复句。"因为 P，所以 Q"和"P，所以 Q"一般归入偏正复句，而 Eifring（1995）却区分开来，认为"因为 P，所以 Q"是单核句（monocentric sentence，相当于主从复句），而"P，所以 Q"是多核句（polycentric sentence，相当于并列复句）。对于意义上的主要和次要，林裕文（1984）指出可以有多种解释：可以是客观现实方面的主要和次要，也可以是说话人主观上的重点和非重点，还可以是交际要求上的主体事实和从属事实。因而，他认为偏句和正句不能单从意义上进行区别，而应有结构上的根据。下面我们从结构上来看联合与偏正的划分。

2.4.2.2 结构特点

林裕文（1984）比较全面地探讨了偏正复句的定义、类型和关联词语，在分析偏正复句的特点的同时，实质上也是对联合复句和偏正复句进行了区分。他们认为，联合复句和偏正复句的不同主要体现在结构上，通过对联合复句和偏正复句采取增加分句的办法，看关系是否延长，从而判断是联合复句还是编正复句。如：

(14) a. 前边是山，后边是水。（林裕文 1984：1）
　　　b. 前边是山，后边是水，中间是一片肥沃的土地。（同上）
(15) a. 因为风太大，所以比赛改期了。（同上）
　　　b. 因为风太大，又有雨，所以比赛改期了。（同上）

对联合复句（14a）进行扩展，增加了一个分句之后得出

(14b)，第二分句和第三分句的关系与第一分句和第二分句的关系是一样的，并且这些分句之间能一次分为三个部分，并列关系延长了；而对偏正复句（15a）加上一个分句之后形成的(15b)，第一、二分句表原因，第三分句表结果，增加了分句，但没有延长关系。

在对语言现象的观察基础上，林裕文（1984）提出，联合复句一般可以增加分句，同时一次多分，共为一个层次关系，是非封闭性的；而偏正复句，即便增加分句，总是两个部分的组合，是封闭性的。林裕文（1984）进一步强调，偏句和正句的区别"是结构上的而不是意义上的"，"意义只不过是结构上的正句和偏句的区别的基础"（10页），是正句还是偏句，最终需要根据语法标记，也就是词序和关联词语来区分。关于词序和关联词语部分的陈述我们列入下文分别归纳。这里我们可以看出，林裕文承认意义是内在基础的同时，更强调外在的语法结构呈现。

根据语法结构是否具有封闭性特点，林裕文（1984）对一些有争议的句子进行了联合、偏正复句归类，将"不但 P，而且 Q"归入联合复句，将补充式、分合式复句归入联合复句。对此，邢福义（2001）提出不同意见，认为这一结构特点没能涵盖全部，如，"不是 P，而是 Q"属于联合复句，却是封闭的，不能延长，只能二分；而"越 P，越 Q"属于偏正复句，却是非封闭性的，可以一次多分，从而否定了林裕文的做法。

2.4.2.3 连接词语

连接词语在传统语法中有多种表达，如"虚字"（金兆梓 1922/1983）、"连词"（黎锦熙 1924/1992）、"连结词"（何容

1942/1985)、"关系词"（黎锦熙、刘世儒 1957）、"承接词"（高明凯 1957/1986）、"关联词"（范开泰等 1981）、"关联词语"（林裕文 1984）等，我们统一用连接词语。

率先将连接词语与复句中小句之间的关系类型对应起来的是黎锦熙（1924/1992）。他将等立复句和主从复句各划分为多个小类，各个小类继续划分出次类，同时详尽列出相应的连接词语。黎锦熙虽然没有明确说明连接词语即是标记了小句之间的关系类型，但这一做法对后来的研究有很深远的影响。大多数复句分类研究同时会列举出相应的连接词语，如林裕文（1984）指出偏正复句有特定的连接词语，而最先明确将连接词语作为小句之间并列关系与主从关系的划分标准并进行解释说明的是何容（1942/1985）。

在黎锦熙（1924/1992）的基础上，何容非常重视连接词语在复句分类中的作用。他认为，分句与分句之间的语义关系常常由一个或更多的连接词语表示，要研究分句与分句之间不同的关系，即是依据连接词语来划分不同的类。他指出，复句中各个分句之间的关系是不是平等的，"要从表关系的连词去看"（何容 1942/1985：77），也就是说，连接词语是区分并列关系和主从关系的标准。如：

(16) 风息了，雨也住了。（黎锦熙 1924/1992：198）
(17) 我今天因为天气不好，没有出门。（黎锦熙 1924/1992：215）

上述两例，连接词语"也"是等价的平列连词（黎锦熙 1924/1992），标记小句之间的关系为并列关系；"因为"是表原因的因果连词，标记小句之间的关系是主从关系。然而，何容也观察到，分句与分句之间可由两个或更多的连接词语来连接。他进而指出，只要句子中用了表时间、原因、假设、范围、让步或比较的连接词语，就是主从复句；而没有用这六种关系中任何一种连接词语的就是等立复句。如：

(18) a. 法庭宣告他无罪，他就出了监狱。（何容 1942/1985：78）
　　 b. 自从法庭宣告他无罪，他就出了监狱。（同上）
　　 c. 因为法庭宣告他无罪，他就出了监狱。（同上）
(19) a. 许多人反对他的主张，然而他的主张总不变。（同上）
　　 b. 虽然许多人反对他的主张，然而他的主张总不变。（同上）

　　上述例（18a）、（19a）的"就""然而"是等立连词，是等立复句，而例（18b）、（18c）、（19b）因为有主从连词"自从""因为""虽然"，便成了主从复句。也就是说，何容将表主从关系的连接词语优先于表并列关系的连接词语之上，是将主从连接词语作为划分并列与主从关系的根本。
　　同时，何容所说的"连结词"只限于连词，并不包括副词，即，分句之间的关系判断由连词决定，副词不起这个作用，即便他承认有"以副为连而互相联络的复句"（何容 1942/1985：81）。如：

(20) 铁本来不是贵金属，可是它的用途比金银还广些。（何容 1942/1985：79）

他认为"本来"是副词,所以根据连词"可是",例(20)是等立复句。这样一来,与上述例(18a)自相矛盾了,上述例(18a)中的"就"在汉语语法学中是副词(参见《现代汉语词典(第5版)》),而他看成等立连词,似乎连接词语又包括副词在内。甚至于何容自己也对他所设的这个连接词语标准也不大满意。如:

(21) a. 山上的雨水都冲下来了,所以河水涨高了许多。
(何容 1942/1985:78)
b. 他这几年来用功太过,因此得了脑病。(何容 1942/1985:79)

他认为,无论是从形式、句意还是连词上看,这两个复句等同于等立复句中表顺序的承接句,但由于"所以"常与"因为"合用,"只好把表果的当作主句,把表因的当作从句"(何容 1942/1985:79)。他也承认,"抹杀等立连词的作用,而仅以主从连词的作用为分类的根据","在理论和事实上都很难说得通"(何容 1942/1985:80);而仅凭连接词语来分类,那些没有连接词语连接的复句则无类可归了。

归根结底,何容是通过用连词的标准来对黎锦熙(1924/1992)的分类进行解释,以提供一种外在的形式标准来判断句义是否平等而对立,但他并未提供让人信服的诠释,当出现与主从连词标准矛盾的情况,他转而用语义重心来解释,这给人以一种循环论证的感觉。

2.4.2.4 词序(句序)

从词序(句序)来看,也就是看复句中的分句先后次序是否可以变换。词序（句序）标准在类型学研究中得到广泛的认可。汉语中，典型的情况下，偏正复句是偏句在前、正句在后。如：

（22）a. 因为他爱人生病了，他没去学校。
b. 如果赶不上火车的话，我们改乘轮船。

在一般的情况下，偏正复句的前后小句次序可以变换，即正句在前，偏句在后，如上例我们可以变换分句顺序如下：

（23）a. 他没去学校，因为他爱人生病了。
b. 我们改乘轮船，如果赶不上火车的话。

这种变换是有一定条件的。正句往前移至偏句前时，正句中的连接词语要省去，同时，后边的偏句必须有连接词语，原先没有的要添加上相应的连接词语，即不能成对使用，也不能不用（参见 林裕文 1984）。关于汉语偏正复句的词序变换特点，Thompson, Longacre & Hwang（2007）等从类型学角度，Fu（1996）从角色与指称语法的视角出发进行了探讨。

2.5　汉语小句复合体的系统功能语言学研究

从目前来看，运用系统功能语言学进行的汉语小句复合体研究，较多是以英汉对比为切入点来分析的，如胡壮麟（1999）以吕叔湘《中国文法要略》、Quirk 等的《英语语法大全》以及 Halliday《功能语法导论》中关于小句间的关系比较分析为切入点,谈论到汉语小句复合体的功能分析;彭宣维(2000)根据 Halliday 1994 年版的《功能语法导论》对小句复合体的论述,"以复句(小句复合体)对比为主,兼及高于复句(小句复合体)的句群"(298 页),探讨了英汉小句复合体的扩展类型的相同点与不同点,没有涉及投射现象;朱永生、郑立信、苗兴伟(2001)从语篇衔接手段着手,对比分析了英汉语篇中连接的实例与衔接功能;苏建红(2006)主要从结构上对比研究了汉英小句复合体,重点分析了汉语复杂小句复合体,最终落在了汉语意合小句复合体的英译技巧上;王全智(2008)则侧重对比分析 Halliday 对英语小句复合体以及汉语传统语法对复句分析方法的异同,探索二者相似的深层次原因。与此同时,运用系统功能语言学理论来描写与解释汉语复句的研究并不多见,最早的、也是目前较为详细的系统功能视角下的汉语小句复合体研究当属 Ouyang(1986)的硕士论文"Clause Complex in Chinese"。Ouyang 将 Halliday 1985 版《功能语法导论》中对英语小句复合体的分析方法运用到汉语小句复合体上,从相互关系和逻辑语义关系两个方面对各个小类作了描写与解释。此外,胡壮麟(1990/2008)简要分析了汉语的小句和复句(小句复合体),McDonald(1998)对两个语篇中的小句复合体进行了分析,方琰(2001)从系统功能语言学角度解释了汉语小句复合体的主位结构,Li(2007)则从逻辑元功能角度对小句复合体作了一个框架性的描述。另外,Halliday & Matthiessen(1999)、Halliday & McDonald(2004)简要提及汉语小句复合体的渐变分析,关于这一点详见 7.2.2 小节。总体来说,目前运用系统功能语言学理论来系统、全面解释汉语小句复合体的研究尚且不多,用来分析小句间的配列关系以及小句复合的渐变体现更是少之又少。

2.6 小　结

从上面的梳理我们可以看出，在传统的汉语复句研究中，联合复句与偏正复句的划分在两个方面存在欠缺。一是分句间的联合或偏正关系不应凌驾于分句间的语义关系之上，二是联合、偏正的划分标准还有待进一步探索。而从系统功能语言学视角来系统、全面分析汉语小句复合体的研究很少见，Ouyang（1986）的贡献是以 Halliday 1985 年版的《功能语法导论》为蓝图，对汉语小句复合体进行了概括性的描写与分析，从篇幅比例安排来看，其重心在于逻辑语义关系描写上，而较少关注配列关系，而本书是以配列关系为轴心，将配列关系与成分关系有机关联起来探讨汉语小句复合体，研究侧重点不同。系统功能语言学作为当今一大主流语言学流派，其理论系统日趋成熟、完善，不断进化的理论体系也保障了本书对汉语小句复合体的系统功能视角分析的与时俱进。

第 3 章 理论框架

3.1 引 言

本书是在系统功能语言学理论框架中探讨汉语小句复合现象,是从一个较新的视角分析汉语小句复合现象,旨在对汉语小句复合现象提供功能视角解释。选择系统功能语言学为理论支撑,理据有两个:首先,系统功能语言学是普通语言学和适用语言学(Halliday 2006),为作为意义潜势的自然语言的语法研究提供了一个有力的理论框架,具体地说,为该语言的使用者在不同的语境下表述意义提供了词汇语法上的选择(Caffarel 2006:1)。其次,系统功能语言学是"系统的"(systemic),将语言看作是意义潜势(meaning potential),而不是有限的结构,系统功能语言学研究是基于资源(resource)观而不是规则观,认为语法是产生、表达意义为措辞的资源(Matthiessen 1995:1);系统功能语言学是"功能的"(functional)和"语义的"(semantic),语义和语法之间是一种"自然的"(natural)关系(参见 Halliday 1985a/2007,1994/2000),自然语言中的每一个成分都是通过参照它在整个语言系统中的功能来解释的。这为小句复合体的研究提供了多层次、多功能的分析，较之过去的小句复合体分析，系统功能视角分析考虑更为缜密（参见 Martin 1988/2010；Matthiessen 2002）。本书的理论主要来源于在以下系统功能语法学家和学者们的研究，如 Halliday（1961/2007，1973，1978/2001，1981/2007，1984/2007，1985b，1992/2007，1994/2000，1996/2007，2008）；Halliday & Hasan（1976，1985）；Halliday & Matthiessen（1999，2004/2008）；Halliday & McDonald（2004）；Martin（1988/2010，1992/2004，1995/2010，1996/2010）；Matthiessen（1995，2002）；Martin & Matthiessen（1991/2010）；Martin, Matthiessen & Painter（2010）；Martin & Rose（2007）；Eggins（2004）；Thompson（2004/2008）；等等。接下来我们将从语言是系统的、层次的、元功能的三个方面逐一进行介绍。

3.2　语言作为系统网络

系统功能语言学是基于系统（System）的理论，它强调纵聚合关系（paradigmatic relation）优先于横组合关系（hypotagmatic relation）。语言被视为是意义潜势（meaning potential），是"与意义相关联的、可供人们选择的若干子系统组成的系统网络（system network）"，语言使用者使用语言表达意义被看作是"从系统网络中进行各种有意义的选择的过程"。系统的理论强调"选择"（choice），一个系统就是入列条件项（item of entry condition）下的一系列选择，每一个系统都是选择的结果，换句话说，作为意义潜势的系统，选择不仅是

"可能",而且是"必须"(Halliday 1969/1976:3)。

　　一个系统包括入列条件以及根据入列条件所产生的选择项,每个系统至少含有两个选择项。以小句的极性系统为例,根据极性选择条件,所有小句要么是肯定的要么是否定的,用系统图表示如图3-1。

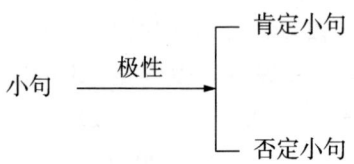

图3-1　极性系统(Halliday & Matthiessen 2004/2008:22)

　　在这个极性系统中,极性是入列条件,根据这个入列条件,小句有肯定小句和否定小句两个选择项,这种"要么 x,要么 y"的二选一的关系是析取选择(either...or...choice),即,在可供选择项中只能择其一,具有排他性,这种析取选择用直角括弧"["表示。另外一种基本的选择关系是合取选择(both...and...choice),是"既 x,又 y"的关系,是指两个或以上的平行子系统同时进行选择的关系,用大括弧"{"表示。合取选择与析取选择构成的基本系统如图3-2所示。

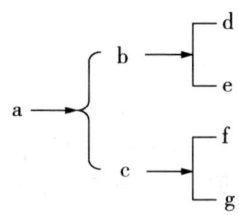

图3-2　析取与合取关系

这个系统图是说，a 系统根据某个入列条件有两个平行的 b 选择项和 c 选择项，b 选择项和 c 选择项之间是合取选择的关系，对 a 系统进行描述时，要在 b、c 选择项中同时进行选择，有 ab 和 ac 两组可能的选择表达；同时 b 子系统和 c 子系统根据各自的入列条件，分别有 d、e 两个选择项和 f、g 两个选择项，这两对选择项之间是析取的关系，于是 b、c 子系统分别在 bd、be 和 cf、cg 中各选一种表达。从而，结合这个系统的最左端和最右端来看，a 系统有 df、dg、ef、eg 四种组合可能的子系统。

递归性是系统网络的一大特征，递归就意味着系统的循环重复选择。递归性子系统包括"终止"和"继续"两个析取选择项，如上述的系统 a，纳入递归性子系统后，可以选择"继续"，这时 a 系统从最左端再次重复在 b、c 子系统中进行选择，如此循环往返，一直到选择"终止"，递归性选择结束，如图 3-3 所示。

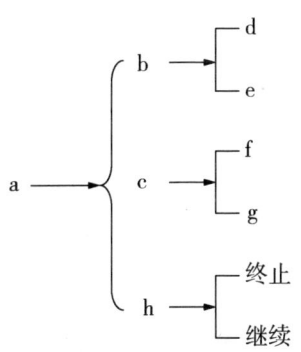

图 3-3 递归性系统

根据 Halliday，对任何系统内选项的选择，都是从系统网络的最左端开始，然后逐渐向右进行，这种从左到右的顺序实质上是按精密度阶递增的顺序来排列的。对一个系统的描述，我们可以根据需要对其进行精密度程度不一的描写，精密度越高，对系统的描写越细致。如图3-4的语气系统，小句语气先被分为直陈语气子系统和祈使语气子系统，直陈语气子系统进一步分为疑问语气子系统和陈述语气子系统，疑问语气子系统和陈述语气子系统又分别分为一般疑问语气、特殊疑问语气和无附加问句、有附加问句；从左到右、从概括到具体地排列，越往右端，系统的精密度就越高。

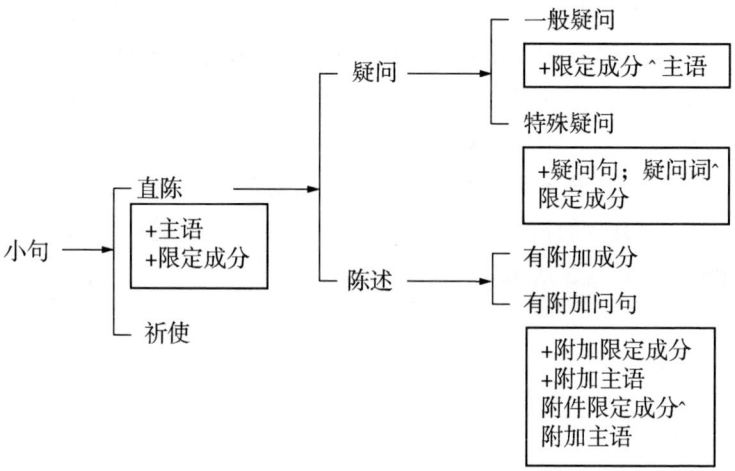

图3-4　语气系统（Matthiessen & Halliday 1997/2009，黄国文、王红阳译）

系统的每一次选择都体现在结构形式中。如图3-4所示，不同的语气系统选择体现为不同的语气结构：一般疑问语气在结构上体现为"限定成分先于主语"，特殊疑问语气体现为"疑问词先于主语"，而陈述语气体现为"主语先于限定成分"。关于系统与结构，系统功能语言学强调系统的关系（纵聚合关系）优先于结构上的关系（横组合关系），因为前者"决定着一门语言的整体语法构成"，而后者"只是决定着局部的选择"（Matthiessen & Halliday 1997/2009，黄国文、王红阳译：113）。结构上的操作如插入成分、成分排序等，在系统功能语言学中，都被视为是系统选择的体现，而结构特征体现系统选择的这种体现观，源自语言是多层次的系统的思想（Halliday & Matthiessen 2004/2008）。

3.3 语言作为多层次的系统

系统功能语言学认为，自然语言（natural language）是个多层次的意义系统，任何一种成人语言都分为三个层次（tri-strata）：语义层、词汇语法层和语音层/音系层（如图3-5所示）。这个多层次的意义系统的核心概念是"体现"。具体地说，相邻的上下层之间是体现与被体现的关系，即语义层由词汇语法层体现，词汇语法层由语音层/音系层体现。通俗地说，就是能干什么体现于能意味着什么；能意味着什么体现于能说什么。其中，语音/音系属于表达层，而词汇语法和语义都是实体层。

实体层分为词汇语法和语义两个层次是有意义的，这为语言的意义潜势无限扩张提供了基础。Halliday（1996/2007：411）指出，与初级的意义系统（只有两个层次：语义层和语音层）相比，高级的意义系统由于有了语法层的介入，为各种不同类型的体现提供了无限可能。Halliday 的原话摘录如下：

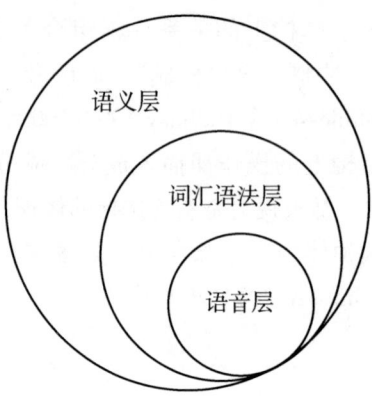

图 3-5 语言是多层次的系统

It can be said that, in the elements of a primary semiotic (signs), the signifier "realizes" the signified; but this relationship is unproblematic: although the sign may undergo complex transformations of one kind or another, there is no intermediate structure between the two (no distinct stratum of grammar). With a higher order semiotic, where a grammar intervenes, this opens up the possibility of many different types of realization. [在初级的意义（符号）成分中，能指"体现"所指；而这种关系是没问题的，因为这二者之间没有中间结构（没有明显的语法层），即便符号可能经历这样或那样的复杂的转换。而更为高级的意义排列中，语法的介入为不同类型的体现形式提供了可能性。]（Halliday 1996/2007：411）

而关于词汇语法与语义之间的体现与被体现关系，Matthiessen（1988：136）指出，一种语言的词汇语法体现了这种语言的语义，不是以一种符号的一半去体现另一半，而是作为一个整体系统的诸系统去体现其他系统中的诸系统：体现的关系，作为自然语言构造的一部分，是我们发现或放置于不同语言层次之间的一种象征关系。

由于语言的层次观，对语法系统进行研究时普遍采用三种视角：①"从上至下"（from above）；②"从外到内"（from around）；③"自下而上"（from below）（参见 Halliday 1994/2000；Matthiessen & Halliday 1997/2009，黄国文、王红阳译）。"从上至下"是基于系统所构建的意义的差别来看；"从外到内"是从系统本身去考虑，看系统如何集合成一个相互关联的集；而"自下而上"是从措辞系统看系统对比是如何产生的。比如，结合这三种视角来分析环境成分：①从意义上看，环境成分是"与过程相关联的或者附属于过程"（circumstances associated with or attendant on the process）的选择性成分，即，环境成分为事件过程的发生提供相关的背景信息，如，事件发生的时间、空间、方式、原因等；②从小句本身来看，当参与者充当人际主语或补语时，环境则映射到状语上，环境成分没有充当人际主语的潜势，不能在具备交际作用的小句中承担语气功能；③自下而上地看，环境成分主要由介词短语或副词词组体现（Halliday 1994/2000：150）。

语言是多层次的系统，从某一方面来讲，与语言在人类日常生活中的功能息息相关。成人使用语言来表达他们的经验，通过语言与他人建立关系，这些都是通过语法与语言之外的发生（happenings）来关联，语法成为主、客观上各种发生和变化与我们所参与的交际过程相关联的界面；同时，语法将经验现象的识解和交际过程的实施组织起来并转换为措辞（Halliday & Matthiessen 2004/2008：24-25）。接下来我们从元功能的视角来看语言系统。

3.4 语言作为多功能的系统

元功能的（metafunctional）思想是系统功能语言学另一大理论核心。Halliday（1994/2000：F39）强调语言是一种社会行为，语言可以用来满足人们交际的需要。任何一种自然语言都有三种不同的功能：语言用来表达"内容"（content），可以表达说话者对真实世界的体验，包括他/她内在的心理世界，这是语言的概念功能（ideational metafunction）；语言用来建立和维持社会关系，通过承担或被指派某种言语角色，在言语交际中与他人互动，这是语言的人际功能（interpersonal metafunction）；语言使语言内部之间以及语言与语言使用情景特征之间发生关联，这是语言的语篇功能（textual metafunction），通过语篇功能，说话人或作者得以构建衔接、连贯的语篇（Halliday 1970/2007）。概念功能和人际功能是语言两大基本功能，这两大功能指向语言外的两大现象，即社会世界和自然世界，我们把自然世界构建在概念模式中，把社会世界定位于人际模式中（Matthiessen & Halliday 1997/2009），体现为语言系统中支配所有语言使用现象的两个最基本的目的：一是理解环境（概念的），二是作用于环境中的其他人（人际的）。概念功能同时包括经验功能（experiential metafunction）和逻辑功能（logical metafunction），经验功能使说话人以事件发生、参与实体（entities）和环境成分的形式直接呈现经验，而逻辑功能则表述事件或实体之间存在的更为抽象的内部关系，间接地呈现经验（Halliday 1979/2007）。下面我们逐一介绍这些元功能及其功能结构。

3.4.1 概念功能

概念功能是指人们用语言来反映主客观世界的经历体验，概念功能又包括两方面：意义作为经验组织的经验功能和语言作为逻辑关系表述的逻辑功能（Halliday 1994/2000：180）。其中，经验功能将经验以发生（如动作、事件、状态、关系）和参与这些发生的实体以及环境特征的形式直接表述出来，而逻辑功能是通过自然语言中的一些基础逻辑关系间接表述经验。总之，经验功能和逻辑功能一起构成概念功能，都是语言作为表述（language as representation）的元功能，只是两者的分工有所不同。

3.4.1.1 经验功能

语言的经验功能使人们构建一个现实体验的心理图式，感知发生在他们周围以及内心的事件。这时，语言作为一种表述，以事件发生（goings-on）表述人们的体验，一个事件发生就是一个图形。同时，图形是部分与部分构成的有机体（as an organic configuration of parts），每一个部分都是依据与作为整体的图形有某种特定关系而存在，一个既定构造原则上包括以下三个部分（Halliday 1994/2000；Halliday & Matthiessen 1999）：

（1）过程（process）本身；

（2）参与者（participant）；

（3）与过程相关的环境成分（circumstance）。

一个图形往往由一个核心过程、一个或三个参与在过程中的不同类的参与者以及可多至七个的相关的环境成分组成。其中,过程是反映构造中其他部分的相关安排的成分,是构造的核心,而其他部分即参与者与环境成分在与过程的实现上有着不同程度上的关联性,参与者直接包含在过程之中,可以带来过程的发生或对过程进行调解,一个参与者可以有不同的方式参与过程中,可以是承担一个过程的实施,可以是感觉一个过程,可以说出一个过程,等等,参与者的选择建立在过程类型之上。根据 Halliday & McDonald (2004),汉语有四种基本的过程类型,如表3-1所示。

表3-1 汉语及物性过程与参与者类型

过程类型	参与者	例句
物质过程:及物过程	动作者,目标	他卖书。
不及物过程		车开走了。
心理过程	感知者,现象	你别害怕。
言语过程	说话者,目标	你说什么?
关系过程:存在	存在物	报纸上有广告。
归属	载体,属性	这柠檬非常酸。
识别	识别者,被识别者	那个人是主席。

不同的过程会有不同的参与者参与其中,然而,一般性地看,每一个过程都有一个关键的参与者成分,正是通过这个参与者,过程才得以实现,没有这个参与者,这个过程也不复存在,Halliday (1994/2000) 称之为媒介 (Medium),即指帮助过程形成的实体 (Medium as "actualizing" the Process)(参见 Halliday & Matthiessen 1999:156)。媒介实质上是适应于所有过程中的那个中心参与者,一个过程类型可以通过媒介来决

第 3 章 理论框架

定。媒介与过程形成图形的核心,也就是说,一个核心图形是由一个过程通过一个媒介展开而组成,在词汇语法层体现为小句的核心。

相对于参与者而言,环境成分与过程的密切程度要疏远一些,环境成分往往是边缘性地附着于过程之上,使过程的时空定位、原因、出现的方式等等得以具体化。过程、参与者与环境成分都是语义范畴,用来解释真实世界中的现象如何作为语言而构造;而在图形中反映出的成分之间不同的参与程度(the different **degress of involvement**①)和这些成分都在小句语法中体现出来。核心过程和它的参与者以及环境成分往往通过小句的及物性(transitivity)结构体现,过程一般由动词词组体现,参与者一般由名词词组体现,环境成分一般由副词词组或介词短语体现,如图 3-6 所示。

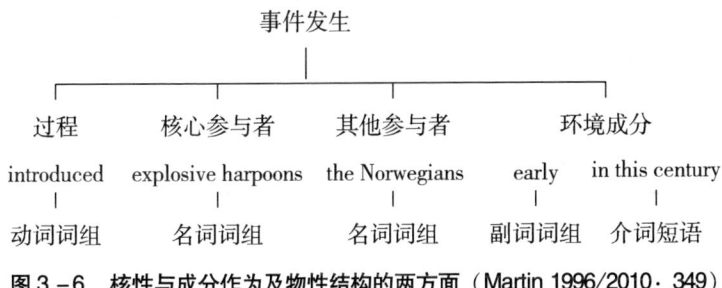

图 3-6 核性与成分作为及物性结构的两方面(Martin 1996/2010:349)

当环境成分由介词短语充当时,由于介词短语包括两部分(介词以及随后的名词词组),从而比词组要大,但又不是过程,Halliday 将介词短语视为是"收缩了的小句"(shrunk

---

① 黑体为原文所有。

clause），介词后的名词词组是间接的参与者（indirect participant），介词短语体现"次过程"（minor process）。环境成分是寄居于过程中的次过程，起着扩展这个过程的作用。环境成分作为一种附加的次过程，辅助于主要过程，同时呈现出关系过程或言语过程的一些特征，从而在小句媒介引另一个实体作为间接参与者。经验意义由这些成分结构来体现，这个基本的结构机制是成分关系（constituency），每一部分都参照整体而有自身的意义，即是"部分的"（segmental）。作为成分性质的经验结构是"粒子式的"（particulate）。

3.4.1.2 逻辑功能

逻辑功能指的是语言对两个或两个以上的意义单位之间的逻辑关系的表达，表述事件或实体之间存在的更为抽象的内部关系，这种自然语法中的逻辑关系，源于事物之间的高度概括，区别于表达陈述真假值的命题逻辑（propositional logic），是广泛存在于语言各级单位中的自然逻辑（natural logic）（Halliday & Matthiessen 1999），或者说是语法逻辑（grammatical logic）（Halliday 1996/2007）。逻辑结构在语义系统中呈现为相互依赖的（interdependent）一类或多类现象，其主要特征为"递归性"（recursiveness）。逻辑结构产生复合体，原则上来讲，级阶上的四个单位都可以递归产生复合体。词素与词素联结构成词素复合体（morpheme complex），如"抗生菌"；词与词联结构成词复合体（word complex），如"茉莉花茶"；词组与词组联结构成词组复合体（group complex），如"漂亮又聪明"；小句与小句联结构成小句复合体，如"我很丑，可是我很温柔"；在实际语言使用中，词素复合体与词复合体不多见，而小句复合体和词组复合体常常用到（参见黄国文

1998b、2003)。如上所述,复合体是单位的再次重复而成,级阶上的单位及其复合体之间的关系是语法基本单位与单位复合的关系,复合体与其基本单位有着同样的功能潜势。单位和单位复合体的关系及其功能潜势如图3-7所示。

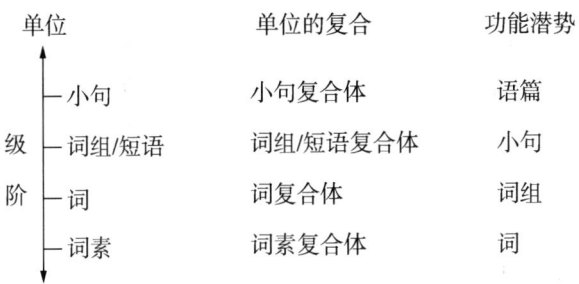

图3-7 语法单位及其复合体(参见 杨炳钧 2003:44)

单位复合体系统同时包括两个子系统:相互依赖关系(degree of interdependency)子系统[即配列关系(taxis)子系统]和逻辑语义关系(logico-semantic relation)子系统。构成复合体的两个单位之间存在着不同程度的相互依赖性,两个单位之间地位平等,是并列关系,若不平等,则是主从关系。构成复合体的两个单位之间同时还存在着逻辑语义关系,分为扩展(expansion)与投射(projection)。扩展是指一个小句对另一个小句的意义进行扩充、说明,具体分为详述(elaboration)、延伸(extension)、增强(enhancement)三类。投射则是指其中一个小句的功能不是对(非语言的)经验的直接表述,而是对元现象(metaphenomenon)的再次表述。被投射的小句可以是"话语"(locution),也可以是"观点"(idea)。关于小句复合体,我们将在5.2小节中进行详细解释。

3.4.1.3 经验功能与逻辑功能的互补

经验功能和逻辑功能是概念功能的两个分支，都是表述人们对现实体验的功能，经验功能是通过非递归性系统（如及物性类型）来识解经验，而逻辑功能是通过递归性系统（如英语中的时态、扩展、投射）来体现（参见 Martin 1995/2010）。换句话说，经验功能主要是指小句表述经验类型的方式，而逻辑功能主要是通过小句递归产生单变量结构（univariate structure）的方式。经验结构和逻辑结构之间的差别就在于经验结构是"单核的"（mono-nuclear），而逻辑结构是"多核的"（multi-nuclear）（Martin 1996/2010：351）。经验结构和逻辑结构是识解人类经验的两种互补的方式。

经验意义典型地由粒子式的成分结构体现，这种基本的结构机制是成分关系，即，较大的单位由一串较小的单位构成，每一部分都是参照这个整体而获得其自身的功能。Halliday（1979/2007）把这种结构关系称之为"分割式的"。经验意义即是通过成分关系构成的结构来体现，这种经验意义将联系紧密的整体划分为部分的关系概括起来便是部分与整体的关系（part-whole relationship）。而逻辑意义是通过依赖关系（dependency）将部分与部分彼此关联起来，逻辑结构是由部分与部分之间的关系（part-part relationship）来体现，是递归性的。经验结构本质上是成分关系性质，而逻辑结构本质上是依赖关系性质（Martin 1988/2010）。

经验功能与逻辑功能的互补体现在成分关系与配列关系的选择上（Martin 1988/2010）。Halliday（1994/2000）将这两种关系区分开来，前者是成分关系，后者是配列关系。成分关系和配列关系是词汇语法中的两大基本关系，成分关系是指一个单位内部的组成结构关系，而配列关系是指两个或以上的单位之间的相互依赖关系。成分关系是构造性的（configurational），是指一个单位由下一级的一个或以上的单位构成的关系，如，小句是由一个或更多的词组构成，词组又由一个或更多的词构成，这种部分与整体的关系即是成分关系。如，小句"妈妈在厨房炒菜"的成分分析如图3-8所示。

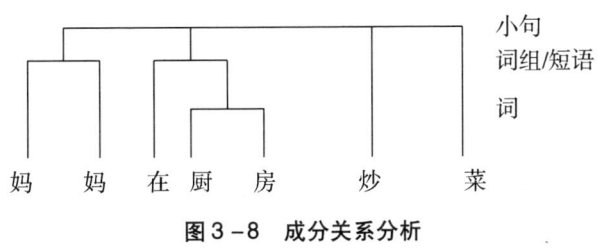

图3-8　成分关系分析

成分关系反映了人类对主客观世界的体验，是语言的经验功能的体现。经验功能是概念功能的一大分支，人类通过语言的概念功能，将经验识解为意义，进而运用语法资源将意义一一表达。一个图形表征一个事件，在小句层面主要体现为及物性结构，即由过程、参与者以及环境成分形成的功能结构。由于人类经验的复杂性，在表述过程中，人们较少一个事件一个事件地单独陈述，更多的是将事件糅杂或关联起来陈述。通过语言的概念功能的另一大分支——逻辑功能，将事件与事件关联成图形序列来进行表述，在词汇语法层体现为配列关系的小句复合体。两个小句连接成小句复合体，原则上这两个小句同时可以进行成分关系和配列关系的分析，如图3-9所示。

Halliday的系统功能语言学突出并列关系与主从关系的相似性，强调小句间的相互依赖性，区别于嵌入单位的成分性

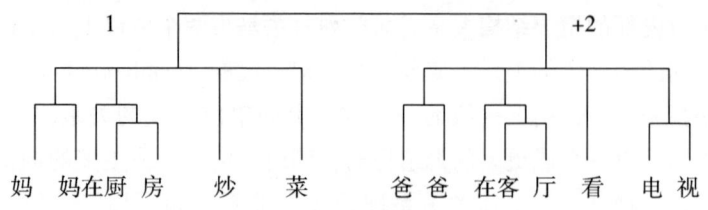

图3-9 成分关系与配列关系分析

质,将主从关系与嵌入关系分离出来(1961,1985)①。如图3-10所示,β小句"because he was scared"和α小句"John ran away"一样,同样有作为小句的内部功能性结构,主从关系连接词语"because"标记了β小句的从属地位,它依赖于主要小句即α小句。正如 Halliday(1987/2007:343)所言,主从关系更像并列关系而不是嵌入关系。

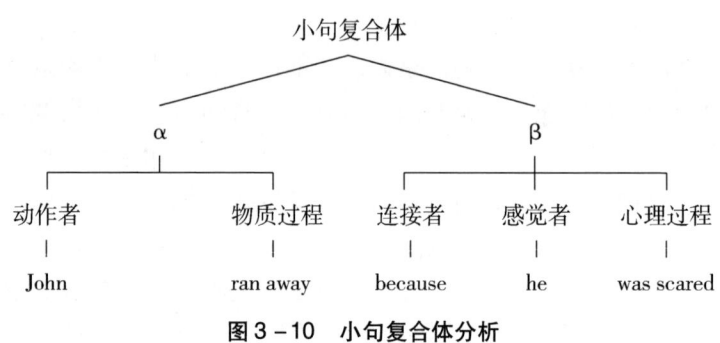

图3-10 小句复合体分析

---

① 作为加的夫语法的领军人物 Fawcett 对此持有不同的观点,Fawcett(2004,2008)没有区分主从关系和嵌入关系,而是将 Halliday 所说的主从关系一并视为嵌入,即"填充另一单位成分空位的单位"(2008:256页)。这种划分与 Quirk et al(1985)相类似。

总而言之，成分关系和配列关系两种结构的划分立足于同属于概念功能的经验功能和逻辑功能的互补（complementarity）。

3.4.2 人际功能

人际功能主要表现在言语活动中的互动，通过人际功能，说话人和听话人在语言交际过程中建立和维持社会人际关系，包括说话人介入言语事件和言语行为。在小句中，人际功能主要由语气和情态系统来体现，其中，语气结构体现说话人在话语情景中选择的言语功能，情态则表达说话人对介于肯定和否定极性间意义的判断和预测（参见 Halliday 1994/2000）。

言语双方的互动主要通过承担或被指派某种言语角色来呈现。在交际过程中，说话人（通指说话人或作者）赋予自身某个言语角色（speech role）的同时，也指派给听话人相应的言语角色并希望对方采纳并作出回应。说话人可以是给予（giving）听话人信息（information）或物品和服务（goods-&-service），也可以是向听话人索求（demanding）信息或物品和服务，从而，在交际过程中承担不同的言语功能（speech functions）——陈述（statement）、提供（offer）、提问（question）或命令（command）。不同的言语功能体现为不同的语气，一致式的情况下，交换信息用直陈语气（indicative）表述，陈述命题由陈述语气（declarative）体现，提问由疑问语气（interrogative）体现；交换物品或服务的话，命令典型地由祈使语气（imperative）体现，或通过意态化的陈述语气体现，而提供可由所有语气承担（言语功能与语气如图 3-11 所示）。

在小句中，不同的言语功能由不同的语气结构体现。语气

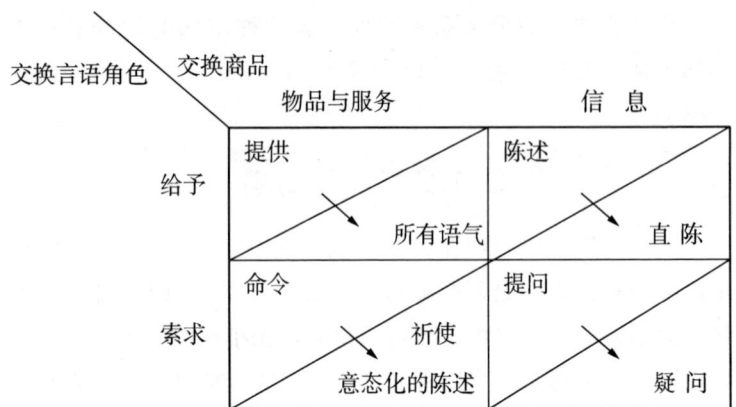

图3-11 言语功能与语气（Halliday 1985/2007：273）

结构由主语和限定成分构成，其中，主语对一个命题或提议的有效性承担责任；限定成分则将这一命题或提议与言语事件中的语境联系起来。限定成分或是参照说话时间，或是参照说话人的判断，使该命题或提议具有"可争论性"（arguability）。以事件的说话时间为参照即是基本时态范畴，以说话人的判断为参照则是情态范畴。基本时态和情态都是人际意义参数，它们存在于对说话人和听话人同时开放的语义交换过程中。基本时态通过限定你和我说话时刻所在的"现在"来从人际意义上解释时间，情态方面则是关涉于评估（assessment）的维度。情态解释言语过程中说话者所表达的或寻问听话者去表达的不确定性的程度，即对所说话语的有效性评估。限定性除了主要通过动词操作词的基本时态或情态来表述之外，还与极性紧密相关——基本时态和情态都有肯定和否定形式，通过限定性，具体的极性与言语事件相关的具体时间、情态参照结合起来；而限定性是语气的一部分，因而，语气与基本时态、情态以及极性之间的关系非常紧密。

汉语的语气体现与英语有所不同，它不是通过主语和限定成分的语序来体现，而主要是通过语调、选择性的句末语气词以及疑问词和主语的出现与否来呈现（张德禄 2009）。汉语中主语省略现象普遍，判断语气的标准主要是语调和语气词。虽然汉语中小句没有限定成分，语气也与时体、情态和极性密切关联，也就是说，一个命题或提议是否具有"可争论性"，时体、情态和极性也起着重要作用，这在陈述语气小句中尤其如此。如，"他回来"一般不能独立①，但添上时间名词"明天"使之与说话时间联系起来，小句"他明天回来"就可以单独表述，是陈述语气；或添上情态词语"能"使之与命题有效性评估联系起来，小句"他能回来"也可以单独表述为一个命题；同时，这两个肯定命题都同时可以选择否定极性："他明天不回来""他不能回来"。从而，汉语中，小句同样有语气系统，只是体现形式与英语小句有所不同。

3.4.3 语篇功能

根据 Halliday（1994/2000），语篇功能是"使……能做什么"（enabling）的功能。正是通过语篇功能，概念意义和人际意义得以组织成篇，在小句层面，是小句作为信息的功能，在小句中主要体现为主位结构（thematic structure）和信息结构（information structure）。主位是指一个小句的起始部分（starting point），是消息的出发点（departure of a message），而述位是对主位的进一步发展。主位系统是"在信息推进的过程中通过选择某一信息起点来为一个小句建立起一个局部语境的资源"，它使得概念意义和人际意义能够成为共享的信息，

---

① 这里我们排除对话省略的情况。

从而"为发话者提供了引导受话者理解语篇的策略"(Matthiessen & Halliday 1997/2009, 黄国文、王红阳译：119)。信息结构是指已知信息和新信息, 新信息一般出现在小句末尾, 声调突出的成分则是信息焦点(information focus)(由黑体表示), 如图 3-12 所示。

	I	didn't know I was **out**.
主位结构分析：	主位	述位
信息结构分析：	已知信息 ⟶	新信息

图 3-12　主位结构与信息结构分析

小句的主位选择与语气类型有关(Halliday 1994/2000：42)。陈述语气小句中, 非标记性的主位是与主语重合的；感叹语气小句的主位一般是感叹性的 Wh-成分；是非疑问语气小句中, 主位一般落在表达极性的成分及主语上；特殊疑问语气小句的主位则一般由 Wh-成分来充当；祈使语气小句中谓体是非标记性的主位。汉语小句的主位选择和英语小句大致相同, 只是由于特殊疑问语气小句中疑问词不需要改变成分排列顺序, 特殊疑问语气小句的主位选择与陈述语气小句类似。

小句还可以有多重主位(multiple theme)。除了主题主位(topical theme)以外, 情态状语(modal adjunct)和/或连接状语(conjunctive adjunct)也可以出现在主位之中, 它们的典型排列顺序是语篇^人际^经验主位(参见 Thompson 1996/2000：136-137)。小句也可以充当主位, 即小句主位(clausal theme)。主从关系小句复合体中, 当从属小句出现在主要小句前时, 从属小句可以整个地充当主位, 而这种修饰小句在前的排序,其动机是主位选择的缘故(Halliday 1994/2000:56)。需要注意的是,当从属小句在主要小句之后时,它本身也不需要单独划分出主位(参见 Thompson 1996/2000:132-133)。

上面我们概括介绍了三大元功能:概念功能(包括经验功能和逻辑功能)、人际功能和语篇功能。这几种元功能都通过小句体现为不同的语法结构:经验结构是粒子式的,人际结构是韵律性的,语篇结构是周期性的,逻辑结构则是递归性的。如图 3-13 所示,小句是经验意义、人际意义和语篇意义的集中体现,对一个小句的分析,可以根据需要对三种功能结构进行分析,也可以选择其中的一项或两项进行分析,这便是

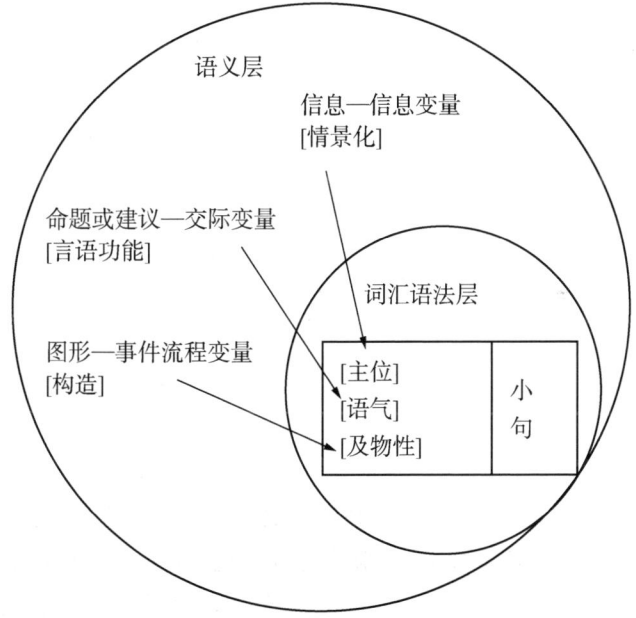

图 3-13 小句作为三大功能结构(Halliday & Matthiessen 2004/2008:589)

采用了多功能分析原则（黄国文 2007）。小句复合体是由小句线性递归构成的，因而，小句复合体也可以进行多功能分析。

3.4.4 多功能分析原则

元功能的思想是系统功能语言学一大核心理论。任何一种自然语言都由两大意义组成，反映环境的概念意义和与他人互动的人际意义，即概念功能和人际功能，这两种功能通过语篇功能联系起来（参见 Halliday 1994/2000）。小句是三大元功能的集中体现，概念、人际与语篇意义犹如三股绳拧成一起汇集于小句层面，因而，对小句的功能分析可以是对小句进行概念功能、人际功能和语篇功能分析，即功能句法分析"多功能性原则"，这种分析呈现"语言结构的多功能性"（黄国文 2007: 43）。

如前面所言，系统功能语言学认为，小句复合体是小句线性递归构成的复合体，而不是凌驾于小句之上的单位；小句复合现象主要由语言中的逻辑功能所产生，同时，也与人际功能、语篇功能和经验功能紧密相关；小句复合体由小句重复构成的，对小句复合现象可以从小句的这些多功能结构进行分析，即可以同时从人际功能、语篇功能和经验功能来进行探讨（参见 Matthiessen 1995, 2002）。Halliday 虽然没有明确提出对小句复合体进行多功能分析，但他的相关论著中（如 1979/2007, 2008 等）对小句复合现象具体个案进行了多功能分析，如对于"If you make it fall on the floor, how will Daddy be able to cut it?"这个小句复合体，Halliday（2008）从逻辑功能分析为主从原因条件增强的小句复合体，序列排序为 β ˆ α；从经验功能分析为两个及物性结构，其中，β 小句和 α 小句都是物质过程小句，这两个过程由连接者"if"连接；从人际功能分析，这两个小句都是限定小句，β 小句是陈述语气小句，而 α 小句是疑问语气小句；从语篇功能分析出两个主位结构和两个信息单位；Halliday（2008）对小句复合体的多功能分析详见图 3-14。

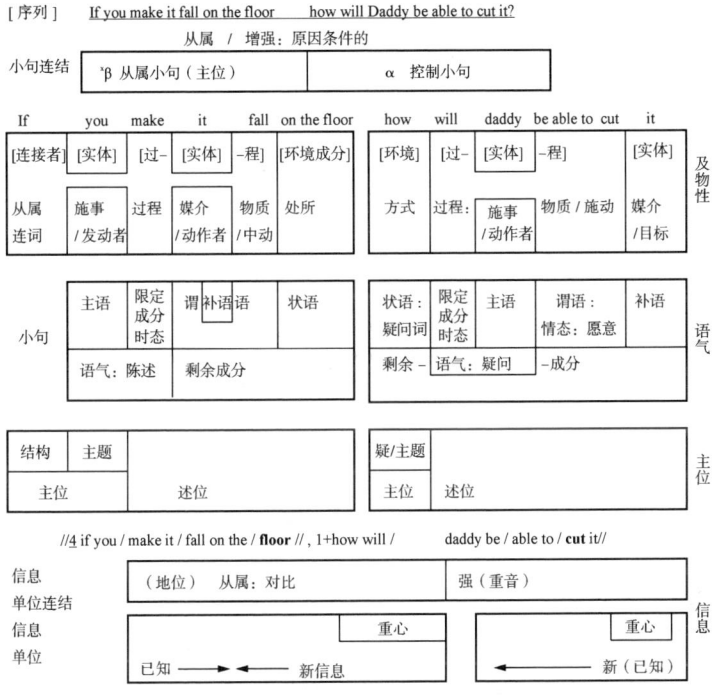

图 3-14　小句连结的元功能分析概要（Halliday 2008：144）

对此，Martin（1988/2010：107）也明确指出，对小句联结进行多功能分析，呈现不止一种结构，较之过去所做的小句联结分析，多功能分析考虑更为周密。在前人的基础上，我们认为，对小句复合体的多功能分析是建立在逻辑功能和经验功能同为表述人们的现实体验的概念功能的两个互补的分支的基础上的。一方面，小句通过逻辑功能递归构成小句复合体，并不是简单的小句与小句相加，小句与小句之间存在不同的逻辑语义关系和不同程度上的相互依赖关系，这两种逻辑关系可以通过连接词语来表述；而另一方面，构成小句复合体的小句原则上同样可以进行经验结构、人际结构和语篇结构分析，而经验意义、人际意义和语篇意义在不同程度映射到逻辑结构上。也就是说，与以往的研究来比，对小句复合体进行多功能分析时，我们不只注重构成小句复合体的小句之间的逻辑关系，同样注重人际意义、经验意义、语篇意义对逻辑意义体现的影响。换句话说，多功能分析强调语言的多重功能性，而语言的多重功能性与系统功能语言学强调语言与社会的联系、认为语言是用来理解周围环境并与这些环境中的人们进行交际并日益进化来满足人类需要的观点是息息相关的。这使得我们更为系统地、全面地分析小句复合体现象。

3.5 小 结

上文我们从语言作为系统网络、语言作为多层次的系统和语言作为多功能的系统三个方面介绍了本书的理论框架，这三个方面是相互关联的，Halliday（2008）从三个视角对三大元功能之间的联系进行图示说明，详见图3-15。

从文化语境定位角度出发，概念意义和人际意义与生态社会环境紧密相关，社会群体环境影响个体，语篇意义将上述两种意义组织成篇；从个体发生学的角度出发，社会群体中的个体通过识解人类经验的概念功能、实施社会关系的人际功能与创造语篇的语篇功能来以言行事，逻辑功能和经验功能分别以

(ⅰ)"从上往下"看(文化语境定位)

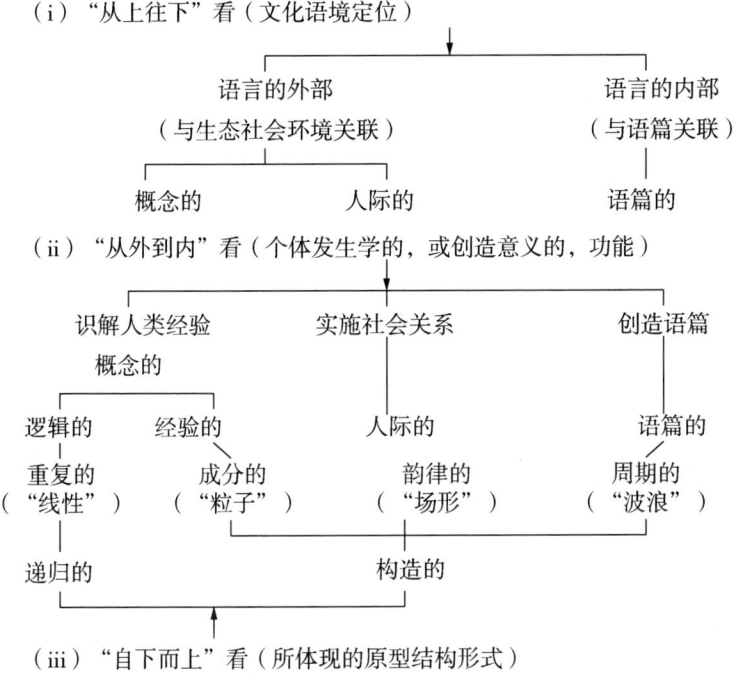

(ⅱ)"从外到内"看(个体发生学的,或创造意义的,功能)

(ⅲ)"自下而上"看(所体现的原型结构形式)

图 3-15　三个视角与元功能（Halliday 2008：46）

线性的重复结构和粒子式的成分结构来体现概念功能的同时，场形的人际韵律结构和波浪式的语篇周期性结构与经验结构同为构造性结构，而逻辑结构是递归性的，从而逻辑和经验的互补关系与经验、人际和语篇在同一小句中的不同构造关联起来，在语音结构中体现出来。如 Halliday & Matthiessen（1999：46）所言，概念基块的呈现必须与其他元功能意义相关联，即人际基块和语篇基块。本书主要侧重"从外到内"的视角，并适当结合"从上往下"和"自下而上"的视角。

第 4 章　汉语小句复合体的定位与界定

4.1　引　言

本章主要集中探讨汉语小句复合体在语言系统中的定位以及汉语小句复合体的识别问题。关于汉语小句复合体的定位，我们首先从级阶入手，分析级阶上的单位及其复合体，区分小句成分与小句复合；再结合层次与元功能的思想，看汉语小句复合体在整个语言系统中的定位。通过对汉语小句复合体的定位分析，我们基本厘清与小句复合现象紧密关联的三种小句成分：小句发生级转移后形成的嵌入小句（embedded clause）；一起体现同一过程的动词词组复合体；偏离谓语的状语成分（从经验意义来看，为外向的宏观环境成分）（参见 Halliday & Matthiessen 1999）。在此基础上，我们进而探讨汉语小句复合体的识别问题，也就是将小句复合体与上述三种小句成分现象区分开来，主要采取多功能的标准，从经验功能、人际功能来进行多方面的考察，以提供一个多角度的分析。

4.2 汉语小句复合体的定位

这一节我们主要探讨汉语小句复合体在整个语言系统中的定位,一则可以更好地把握汉语小句复合体的内涵及其性质,二则为下文的汉语小句复合体的识别打好基础。接下来,我们先从系统功能语言学关于小句复合体定义的论述入手,再结合汉语现象来分析汉语小句复合体。

4.2.1 小句复合体与句

Halliday(1994/2000)提出小句复合体这一术语,是建立在对语篇(包括口头语篇)做了大量分析的基础上。他认为传统语法中的"句"是针对书面语篇,并未考虑口头语篇的实际,从而建议用小句复合体来取而代之,以此统称书面语中的"句"以及在口头语篇中对应的语法现象。透过小句复合体这一术语,我们可以看到 Halliday 的语法分析是书面语和口头语并重。然而,什么是小句复合体,Halliday 的《功能语法导论》并没有给出明确的定义,只是在第七章开头比较了小句复合体和句,指出小句复合体这一概念能使我们全面地解释句的功能结构,一个句子实质上是作为小句复合体而界定的。对于小句复合体与句的区别,Halliday 认为,句是书写的成分,而小句复合体是语法成分,是唯一高于小句的语法单位,构成小句复合体的小句之间的逻辑语义关系是"作为小句的复合"(as a complex of clauses)所体现出来的"过程之间的关系"(a relation between processes)(1994/2000:216)。然而,Halliday 并未着力于区分小句复合体与句,相反,他更强调二者的联系,这从他的相关论述中可以看出:

> ...in the analysis of a written text each sentence can be treated as one clause complex, with the "simple" (one clause) sentence as the limiting case. With a spoken text, we will be able to use the grammar to define and delimit clause complexes, in a way that keeps them as close as possible to the sentences of written English. [在分析书面语篇时，基于单句（一个小句）形式出现的数目有限，每一个句子可以处理为一个小句复合体。而口头语篇中，让小句复合体尽可能地接近于书面英语中的句子，从而使我们能通过语法来界定小句复合体。]（Halliday 1994/2000：216）

Halliday 的这一论述很大程度上是为了简明扼要地道出语篇分析中如何判断小句复合体，然而，这样一来，也容易给人一种只是换了一个术语的感觉，与其上文（Halliday 1994/2000：216）"不必用'句'作为区别性语法范畴的这一术语"（...there will be no need to bring in the term "sentence" as a distinct grammatical category）这一陈述相违背，从而未能将小句复合体与传统语法中的"句"明确区分开来。

对此，在 Halliday（1994/2000）的基础上，Eggins（1994，2004）将小句复合体视为与小句同级的单位；Matthiessen（1995，2002）也认为，小句复合体是开放状态的（open-ended）而不是事先计划好的结构，小句复合体不是级阶上的语法单位，而是单位（小句）的复合；黄国文（2003）也指出，小句复合体不是高于小句级的语法单位。Thompson（2004/2008）对小句复合体进行了明确定义——小句复合体是两个或更多的小句连接成一个更大的单位，这种小句间的相互依赖关系一般有连接词语这类外在的标记显示（196 页）。

Thompson 所说的更大的单位,并不是说小句复合体是高于小句的单位;相反,他认为小句是最高一级语法单位,小句之上不再有"句"这样的单位,其根据是两个小句关联构成小句复合体,第二个小句的功能空位选择与第一个小句基本是相同的,而从词组到小句,功能空位的选择是不一样的,如词组中没有与小句中的主语空位的对等物(Thompson 2004/2008:22)。Thompson 的这一观点与上述几位的观点不谋而合,都是将小句复合体视为小句的复合,而不是高于小句的最大的语法单位;从而修订了小句复合体在级阶上的地位。我们认为这种处理更为合理。

4.2.2 语法单位及其复合体:级阶的观点

根据系统功能语言学,汉语有四个语法单位(参见 Halliday & Matthiessen 1999;Halliday & McDonald 2004),这四个单位自上而下的等级排列为小句、词组/短语、词和词素,其中,短语一般指介词短语,因为介词短语至少由介词和名词词组这两部分构成;Halliday(1994/2000)认为短语是压缩了的小句。每一个级阶上的单位都是由一个或一个以上的下一级单位构成,例如,小句由一个或一个以上的词组构成,词组又由一个或一个以上的词构成,而词又由一个或以上的词素构成,这种上一级单位由下一级单位构成的关系,称为成分关系。每一级单位都有循环重复从而构成复合体的潜势,即两个或两个以上的小句构成小句复合体,两个或两个以上的词组/短语构成词组复合体/短语复合体,两个或两个以上的词构成词复合体,两个或两个以上的词素构成词素复合体,这些复合体是与基本单位处于同一层次的延伸单位,是语法单位的复合(参见Matthiessen 1995;黄国文 1998b),复合体现象是级阶上的单位线性递归（linear recursion）的产物。形成复合体的两个单位之间的关系是相互依赖关系，又称为配列关系。在实际使用中，小句复合体和词组复合体出现的频率较高，而词复合体和语素复合体较少。

系统功能语言学的级阶理论容许级转移（rankshift），即上级单位可以降级进入下级单位中。换句话说，一个单位可以包含与它同级或比它高一级的单位。出现了级转移，就意味着某单位包含有嵌入（embedded）成分，属于嵌入递归（embedded recursion）（黄国文1998a）。比如，一个小句或短语进入一个词组中作为这个词组的某种成分，这个小句或短语就是嵌入小句或短语；同时，这个词组又是所在小句的成分；嵌入小句或短语不直接与包含这个词组的小句发生关系，而是以这个词组为媒介，嵌入小句或短语在这个词组中起作用，这个词组进而在包含它的小句中起作用。如，小句"刚从北京旅游回来的小王被眼前的一幕吓呆了"包含了一个嵌入小句"刚从北京旅游回来"，这个嵌入小句降级进入名词词组"小王"中起作用，充当名词中心语的修饰成分，进而通过这个名词词组在整个小句"刚从北京旅游回来的小王被眼前的一幕吓呆了"中起作用。需要注意的是，嵌入小句发生级转移后，往往充当的是词组/短语这一级的成分，不能直接与级阶上的小句构成小句复合体；也就是说，嵌入小句与其所在的小句之间的关系是成分关系，而不是相互依赖关系，如图4-1所示。

从图4-1，我们可以简明扼要地归纳出两种基本的关系：从纵向的级阶来看，词组/短语、嵌入小句和词组复合体与其所在的小句之间是部分与整体的成分关系；从横向来看，同一语法单位的重复形成单位的复合体，构成单位复合体的两个单位之间不是成分关系，而是相互依赖关系，小句复合体是如

第4章 汉语小句复合体的定位与界定

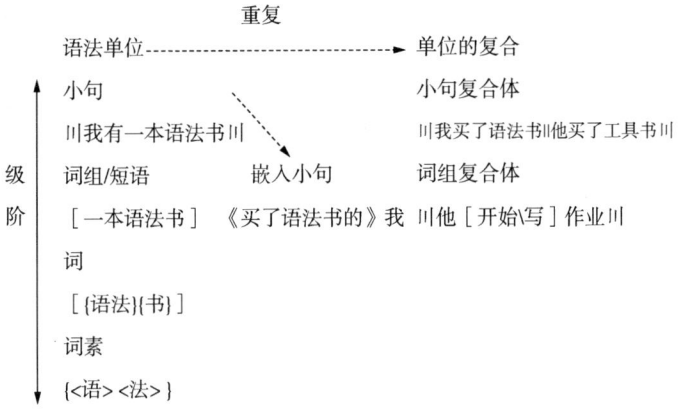

图 4-1 级阶

此，词组复合体也是如此。从上图我们也可以看出，小句复合体与小句紧密相关，而级阶上的小句与词组/短语、嵌入小句和动词词组复合体之间的界限并非是"一刀切"的，所以，小句复合体与词组/短语、嵌入小句和动词词组复合体存在着紧密的联系。因而，识别小句复合体，就要区分是词组/短语充当小句的成分还是相互依赖关系下的小句；是嵌入小句还是依赖于主要小句而存在的从属小句；是动词词组复合体还是小句复合体。关于这一点，我们下文进一步讨论。

通过这一节对语法单位及其复合体的分析，我们从级阶上定位了汉语小句复合体，并理清了与之相关的几种语法现象。我们对汉语小句复合体的定位是，汉语小句复合体不是基本语法单位，而是语法单位小句的复合，与小句为同一级，是小句的延伸单位。接下来，我们结合层次与元功能的思想来看汉语小句复合体在整个语言系统中所处的位置。

4.2.3 小句复合体：层次与元功能的观点

上一小节我们从级阶的角度探讨了汉语语法单位和单位的复合体以及汉语小句复合体的定位，接下来，我们进一步结合层次的思想和元功能的思想，将小句复合体放置于整个语言系统中，从宏观的角度来考察汉语小句复合体在语言系统中的位置，为小句复合现象提供"生态的（ecological）"的解释（Matthiessen 2002：238）。

层次和元功能的思想是系统功能语言学理论的核心组成部分（胡壮麟等 2005）。系统功能语言学认为，语言作为多层次的符号系统，分为语义层、词汇语法层和语音层/字系层三个层次；相邻的上下层之间是体现与被体现的关系。从层次的观点来看，小句复合体处于词汇语法层，自上而下看，小句复合体体现投射/扩展图形序列（参见 Halliday & Matthiessen 1999）；从下往上看，小句复合体由语音层的声调序列体现，则表现为句（参见 Halliday 1994/2000；Halliday & Matthiessen 2004/2008）；从外到内看，小句复合体是小句的复合，同一个经验片段，在词汇语法层，可以通过小句中的状语成分来体现，也可以通过小句关联构成小句复合体来表述，还可以由两个独立的但语义上有联系的小句来呈现，其背后机制是语言的元功能驱动。

概念功能是 Halliday 提出的三大元功能之一，通过语言的概念功能，人们使用语言表述人类对外在客观世界和内在主观世界的各种体验，并将各种经验现象识解为成分（element）、图形（figure）和序列（sequence）三类；这三类经验现象中，成分与图形的关系、图形与序列的关系又分别通过概念功能中的经验功能和逻辑功能来呈现（Halliday & Matthiessen 1999）。

也就是说，经验功能下，图形由成分构成，一个图形由过程、参与者和环境成分构成；逻辑功能作用下，图形与图形连接形成图形序列。图形与图形还可以是通过语篇的语义衔接而彼此关联又各自独立为一个图形。这在词汇语法层有不同的体现形式。一致式的情况下，成分组成图形这种经验意义由小句体现，图形与图形之间的逻辑意义由小句复合体体现，两个独立图形之间的语篇意义则由衔接的两个独立小句来体现。小句复合体在语言系统中的定位如图4－2所示。

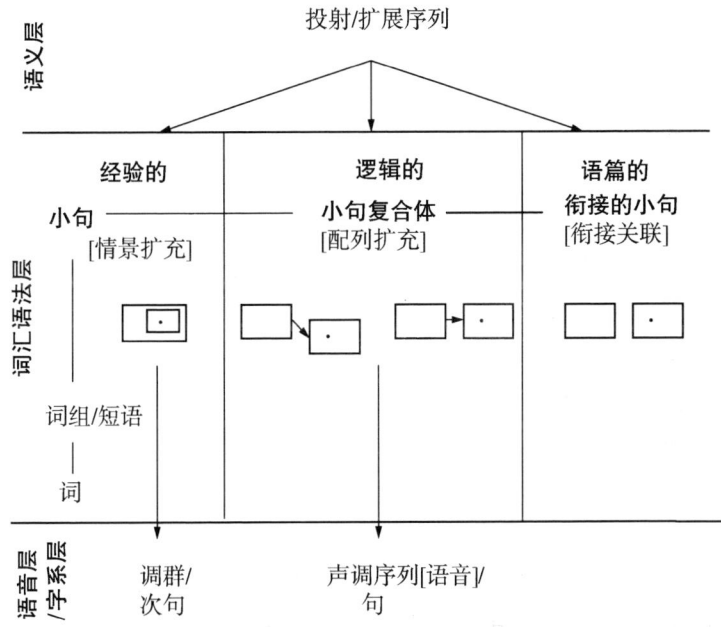

图4－2 小句复合体的定位（参见 Halliday & Matthiessen 2004/2008：370）

如图4－2，Halliday & Matthiessen（2004/2008）对小句复合体的定位结合了级阶、层次与元功能的思想，同时也凸显了元功能结构之间的区分与联系。各大元功能都有其核心的范畴，从而区分了经验功能下环境成分对过程的情景扩充（circumstantial augmentation）、逻辑功能下从属小句对主要小句的主从配列扩充（tactic augmentation）和继续小句对首要小句（primary clause）的并列配列扩充，以及语篇功能下一个独立小句与另一个独立小句衔接关联（cohesive link）；然而，这些元功能并非是孤立的，而是彼此之间有着或多或少的内在联系，从情景扩充到主从配列扩充和并列配列扩充再到衔接关联，共同形成了一个有机体，通过语法资源将人类的各类体验体现出来。小句复合体在整个语言系统中的多功能定位也适应于汉语小句复合体。此外，从元功能的视角对小句复合体的定位也可进一步解释上文级阶分析中所说的词组/短语与小句复合体之间的联系。系统功能语言学中，从及物性结构来分析，小句由一个过程、一个或最多三个参与者以及一个或多个环境成分构成，其中，过程和参与者是核心的必要成分，而环境成分是外围的选择性成分。环境成分与过程之间的进一步偏离，理论上即是向主从配列扩充靠近，为此，环境成分与从属小句之间的区分即是词组/短语充当小句的成分还是相互依赖关系下的小句的区分。这为下文关于汉语小句复合体的识别提供了理论基础。

4.3　小句复合与小句成分

上文我们结合级阶、层次和元功能的思想讨论了汉语小句复合体在整个语言系统中的语法地位，小句复合体是小句的复合，是小句递归而成的更大的单位。与小句复合现象密切相关的是小句的三种成分现象，即小句环境成分、嵌入小句和动词词组复合体。接下来，结合汉语事实，分别对汉语小句复合现象和小句的三种成分现象作类型学上的范畴性介绍。

4.3.1 小句复合是过程的复合

上述 3.4.1.3 小节已经论述过，同属于概念功能的经验功能和逻辑功能是表述人们现实体验的功能，经验功能主要是通过过程、参与者和环境成分的小句构造来体现，而逻辑功能主要是通过小句的线性重复来体现。也就是说，小句复合体是小句的复合，这样一来，小句与小句关联形成小句复合体原则上可以分析出两个"过程+参与者（+环境成分）"的及物性结构，从而，小句复合体所体现的是"过程之间的关系"（Halliday 1994/2000：216），从概念功能上看，小句复合是过程的复合（参见 Halliday 2008；Halliday & Matthiessen 1999；Martin 1988/2010；Matthiessen 2002）。如下例（1），"他获得了一等奖学金，父母亲很高兴"，从经验功能角度分析出前后两个过程，继续过程是起始过程的延续，从逻辑功能角度来看，是地位平等的两个小句构成的延伸扩展小句复合体，逻辑关系标示着"1+2"[①]。

|||1　　　　　　　　　　||+2　　　　　　|||
接受者　过程1　授予物　　感觉者　过程2
（1）他　　获得了　一等奖学金，父母亲　很高兴。

[①] 阿拉伯数字"1，2"依次标示构成并列关系小句复合体的首要小句和次要小句，"+"标示延伸扩展逻辑语义关系。"|||"代表小句复合体界限，"||"则为小句划界。符号含义详见书首第1、2页符号说明。

上例（1）是个没有使用连接词语的小句复合体，下例（2）则通过连词"所以"将两个小句关联成为小句复合体。连接词语，从功能上看即是连接者（relator），连接者与过程、参与者和环境成分一样被视为是成分性质，用来连接图形与图形，从而构成图形序列（参见 Halliday & Matthiessen 1999）。这是基于概念语义的分析，将连接者归入成分系统，这种做法使我们在分析小句复合体时从过程之间的关系来探讨显得更为合理（杨炳钧 2003：51），与此同时，也与"经验功能和逻辑功能同是表述人们对世界的反映的概念功能"这个理念相得益彰。连接者将两个图形关联成图形序列，也就是说，连接者是图形序列中的成分，并不是其中任何一个图形本身的成分；从某种程度上说，这在小句复合体中由连词的使用情况体现出来，即，连词并不是小句的内部结构成分，如下例（2），连词"所以"前后都有逗号，使之与前后两个小句隔开，清晰地反映了连接者关联两个图形又不在其中的事实。

|||1 || +2 |||
载体 过程1 **连接者** 动作者 过程2 范围
主语 谓语 主语 谓语 补语
(2) 他 不舒服， **所以**， 他 没有去 学校。

然而，连词也可以更靠近其中一个小句，如上例（2），连词"所以"后的逗号可以取消，"他不舒服，所以他没有去学校"，汉语中，这种出现在继续小句前的连词一般都可以与继续小句之间有停顿或没有停顿。但如果是用在起始小句前的连词一般不会有停顿,如,"因为他不舒服,他没有去学校",这与连词在小句复合体中的作用有关:一方面,连词的使用可以凸显小句间的逻辑语义关系;另一方面,连词又可以显示小句的从属性质(Halliday 1994/2000:238)。Halliday 的完整表述是指在英语限定小句中,连词起着既表达从属地位又显示情景逻辑语义关系的作用;相对而言,非限定小句的从属性质直接通过非限定形式的动词表达。汉语中,一般认为没有限定小句与非限定小句之分①,但我们认为汉语小句中连词也有类似的作用,如下例(3)(见表4-1)。

表4-1 小句复合体中的连接者的地位分析

(3) 因为	他	不舒服	他	没有去	学校
[连接者]	载体	关系过程	动作者	物质过程	范围
	主语	谓语	主语	谓语	补语
×β			α		

综合来看,进行功能分析时,连接者是概念功能成分,连接两个图形,小句复合是过程的复合;从小句的角度看,连词不属于小句内部结构成分,单独对小句进行语法分析时不需要分析连词,而分析小句复合体时则需要考虑连词,因为通过连词可以表达小句的从属地位,具体分析有如上例(3)。

---

① 关于这一点,下文7.3.1小节将进一步探讨。

4.3.2 介词短语和名词词组充当环境成分

环境成分是相应于过程而言的①。系统功能语言学认为，环境成分为过程提供背景性信息，典型地由介词短语充当。介词短语由介词②和名词词组构成，介词起着一种第三方媒介作用，将名词性成分介引入主要过程充当间接参与者（Halliday & Matthiessen 2004）。由于介词短语的这种特性，Halliday（1994/2000）将介词短语看成是"压缩了的小句"。

汉语中，大量的介词是从动词发展过来的，一些介词甚至还保留动词的用法，如，"在"一般认为是介词，但"他在家"中的"在"是动词，体现存在过程。与此同时，我们也注意到有些介词的其他用法，比如：

(4) a. 他在马背上跳。

---

① 状语是对应于主语、谓语来说的。如果要对应于随后即将讨论的嵌入小句、动词词组复合体，这里应为介词短语/名词词组。由于我们这里主要从是环境成分对过程的情景扩充来谈，因而使用环境成分作为小标题。

② Halliday & McDonald（2004）没有使用"介词（preposition）"这一术语，而是使用"副动词（coverb）"，将其归入动词词类下，其根据是副动词本身可以体现过程。这种观点是建立在强调介词的动词来源的基础上，有它的历时依据。但是我们还需要注意的是，有些由动词转化过来的介词已经进化得比较彻底，已形成了介词的语法特征，而且，还有一些介词是由副词衍生而成的。更重要的是，使用"副动词"而不用"介词"的话，"介词短语"也无从说起，不再是环境成分类，而是归入过程类的话，那么，汉语小句复合体会极其庞杂，给语法分析带来麻烦。出于这种考虑，本书仍使用"介词""介词短语"的术语。

b. 他跳在马背上。

在（4a）中，介词短语"在马背上"充当环境成分，而在（4b）中，其与过程联系紧密，不可分割，更倾向于是过程的延续部分。

介词词组可以体现："次过程"。之所以称之为"次过程"，根据 Halliday & Matthiessen（2004/2008），是因为介词词组所体现的环境成分不能独立存在，是寄植于主要过程的，起着扩展过程的作用；其本身也呈现出一些关系过程或言语过程的特征，可以导入另一实体以作小句中的非直接成分。次过程对主要过程进行情景扩充，并享有与配列扩充相同的逻辑语义类别，如：

增强：原因（5）不要<u>因为一棵树</u>而伤了和气。
　　　目的（6）<u>为了钱</u>，他昧着良心欺骗了他的家人。
　　　方式（7）<u>根据可靠的消息</u>，小丽考上了北京大学。
延伸：陪伴（8）<u>与小王一起</u>，我们来到了天安门广场。
详述：角色（9）<u>作为新时代的青年</u>，我们要努力汲取知识，……

名词词组也可以充当环境成分，一般是时空语义类的环境成分。如（10a）中"许多年后"表时间跨度（Extent），（10b）中"青山绿水白云间"表处所（Location），其后的方位词（Post-noun）凸显出时空环境意义，为随后的小句提供背景性信息，如：

(10) a. 许多年后他也忘不了这个场面，这种笑法儿。（CNC）
   b. 青山绿山白云间，空气又好又新鲜。（贵州山歌）
   c. 青山绿水，禾苗绿又鲜。（邢福义2001：577）
   d. 枯藤，老树，昏鸦；小桥，流水，人家；古道，西风，瘦马；断肠人在天涯。（马致远《秋思》）

对于（10c），汉语语法学界近年来认为是名词性短语（相当于系统功能语言学中的名词词组）和动词性短语（相当于系统功能语言学中的动词词组）一起构成复句（相当于系统功能语言学中的扩展小句复合体），分别充当分句（相当于系统功能语言学中的小句）（参见 邢福义1979；胡裕树1995/2009；张斌2002；邓英树2002；等等）。从系统功能语言学角度来看，我们认为（10c）处于典型的小句与小句复合体的边缘区域。我们可以给画线部分添上方位词（postnoun）"间"，变成"青山绿水间"，类同于（10b）中的画线部分，充当环境成分，为随后的小句提供背景性信息。与此同时，（10c）画线部分又与（10d）画线部分类同，是汉语特有的表示存在的表述，这类小句常涉及两个或两个以上的实体（Entities），说话人出于对比/衬托目的，将其中一个或多个实体以背景性内容进行表述。（10d）即是一个典型，画线部分为分句隔开的三个小句，分别勾勒出三个不同的场景，渲染气氛，为其后的谓词性小句"断肠人在天涯"做铺垫。从这个角度看，（10c）画线部分亦可分析为从属小句，这种手法在文学作品中非常普遍，这也与汉语形容词具有双重特点有关。Halliday

& McDonald（2004）提出，形容词在汉语中是谓词性的，可以体现过程，如，"山清""水秀"，形容词充当谓语体现过程；同时，形容词可以充当修饰成分，如上述（10c），形容词"青""绿"充当中心词"山""水"的修饰语（Epithet），用来表述存在的事物时，该修饰语同样有助于达成画面感，从而具有描写功能。

又如：

(11) a. <u>1991年，上海外滩。</u>
　　 b. <u>夜，皎洁的月光。</u>
　　 c. <u>蓝天，远树，金黄色的麦浪。</u>（邢福义 2001：565）

例（11a）、（11b）、（11c）这一组与上述例（10）略有不同，全部都是名词性成分，没有谓词性成分。虽然用了句号，但是，其本身并没有表述任何事件（Event），从而不具备小句的资格，然后从整个语篇来看，真正的事件表述在后面，如（11a），常见于文学体裁如小说、戏剧、散文篇首，用来交待篇内事件发生的时间和处所，从整个语篇看，充当了整个语篇中事件的超级环境成分。(11b) 和（11c）对场景的描写亦可如此分析，这跟语篇体裁（Genre）有关。然而，一个文学作品中，尤其是长篇作品中，描述的事件可以数不计数，为了进一步分析事件，从语法语义角度，分析为特定体裁中的名词性小句亦可。关于小句成分与小句的拓扑学分析，本书第七章再叙。

4.3.3 嵌入小句

在4.2.2小节我们解释了嵌入小句的语法地位,从图4-1我们也可以看得很清楚,嵌入小句是降级了的小句,虽有着小句的结构形式,其语法地位却相当于词组,只能充当小句的组成成分。汉语中,嵌入小句主要出现在三种功能空位(slot)上,最为典型的是充当修饰语,如:

(12) a. 这是<u>洗干净了</u>的衣服。(王力1943/1985:38)
　　 b. 这时,破草屋里走出来一位<u>衣服破旧</u>的老大娘。
　　　　(刘月华等2001:481)

填充修饰语空位的嵌入小句与所修饰的中心语之间常常有结构助词"的",组成"嵌入小句+的+名词"的名词词组,嵌入小句通过名词词组在整个小句中起作用。

嵌入小句充当同位语,如:

(13) <u>陈琳考上了大学</u>的消息马上在村子里传开来。

并非所有嵌入小句都需要中心语成分作为缓冲,Halliday(1994/2000)也提到过小句充当主语时,其中有一类,可以直接和所在小句的其他结构成分相互作用。汉语中,填充补语空位、主语空位以及谓语空位的嵌入小句都可以直接在小句中起作用,如(14a)嵌入小句"他肯说老实话"充当系词"是"的补语,(14b)嵌入小句"他不来"充当主语,(14c)嵌入小句"肚子疼"充当谓语。

(14) a. 易卜生的长处,就是他肯说老实话。(黎锦熙 1924/1992:185)
　　 b. 他不来是件怪事。(黎锦熙 1924/1992:185)
　　 c. 王大爷突然肚子疼。(刘月华等 2001:665)

汉语中,嵌入小句充当后置程度补语时,前面一般用"得"来与动词发生联系,如:

(15) 表妹气得嘴唇发抖。(Eifring 1995:132)

而从上述(14)中的例句,我们可以看出,系补结构以及主语、谓语空位上的嵌入小句为整个小句的成分性质,因为假若去掉这一嵌入小句,剩余部分不复自足为小句,这也是判断嵌入小句很关键的一点。总而言之,嵌入小句的语法地位是成分,它不能单独表述语义事件图形,而是对所在小句的内部扩充。

4.3.4　动词词组/复合体

上文4.2.2小节,我们简略地说明了系统功能语言学中级阶的概念。级阶的思想概括起来可以说主要是关涉成分关系和配列关系,前者比如小句是由词组构成,而后者则解释词组复合体是词组的递归。汉语中小句与动词词组、小句复合体与动词词组复合体之间很容易混淆(参见 Halliday & McDonald 2004),而小句复合体的辨识又与小句联系紧密,接下来,我们简要分析汉语动词词组与动词词组复合体。

根据 Halliday (1994/2000),英语动词词组是指小句语气结构中起作用的限定成分加上谓体（或者只有谓体，如果没有限定成分的话）、及物性结构中作为过程的组成部分，是围绕着主要动词而组成的动词序列，如，"has been eating"即是"限定词+助动词+核心动词（实义动词）"构成的动词词组。动词词组复合体是动词词组与动词词组的复合，动词词组复合体如同小句复合体一样，可以进行逻辑功能分析，构成复合体的动词词组之间也有投射和扩展的逻辑语义关系区分，同时，也有并列和主从之分。如，"(He) tried, but failed, (to extract the poison)"是并列关系，而"tried to do"是个主从关系的动词词组复合体。Halliday（1994/2000）将主从扩展的动词词组复合体又分为三种：相位（phase），意欲（conation）和意态（modulation）。相位是类似于对过程的详述，主要动词词组的核心动词是"集中：描述"类，包括"时间相位"和"现实相位"，如"stopped to think"；意欲则类似于过程的延伸，两个动词之间表达尝试、成功的意义，如"tried to get the key"；意态则是类似于过程的增强，主要动词也不是一个独立的过程，而是在次要动词表达的过程中充当环境成分，如"help sort the pieces out"。

　　级阶的思想同样也适应于汉语的词汇语法分析，汉语中也有动词词组和动词词组复合体。从Halliday对英语动词词组与动词词组复合体的描述，我们也可以发现，二者的区分从形式上看，实际上是取决于实义动词的数量，其中的原因在于英语的实义动词可以根据时态、情态、语态的不同选择在形式构造上进行语法屈折变化或延长，从而动词有系统的限定与非限定之分，而这种动词的形态曲折变化是汉语所没有的，汉语中动词没有词形变化，而且复合动词与动词词组的内部构造类似，如"说明""看见",不能依据形态变化来辨识动词词组。汉语的动词词组与动词词组复合体的区分有自身的特点①。

汉语传统语法学界通常采用"插入法"来区分二者(参

---

① 汉语动词词组与动词词组复合体之间的区分较之英语是模糊不清的,对此 Halliday & Matthiessen(1999)、Matthiessen(1995)、Halliday & McDonald(2004)、McDonald(2004)都提及过,但就笔者所搜集到的文献来看,很少有具体说明汉语动词词组与动词词组复合体之间有什么不同。与此同时,Halliday(1994/2000)与 Halliday & McDonald(2004)所讨论的"相位"(phase)的所指是有所区别的,前者是对英语主从动词词组复合体的一种,而后者是放置在汉语小句的经验意义系统中进行阐述的,并没有明确说明是动词词组还是动词词组复合体。Halliday & McDonald(2004)认为,汉语小句的经验功能方面的主要系统是由基本的及物性系统和选择性的时体和相位系统构成,但同时他们又认为,"有相位标记的动词词组常常呈现为两个不同过程的联结,一般而言,一个是作为事件的'动作'类型(由主要动词体现),另一个则是作为'延续部分'的'状态'类型(由后动词体现)"[A verbal group marked for phase often exhibits a combination of two process types, commonly one of the "action" type as Event (realized by the main verb) and one of the "state" type as Extension (realized by a postverb).]。其中"有相位标记的动词词组常常呈现为两个不同过程的联结"这种表述与 Halliday(1994/2000:216、282)关于小句复合体为"过程之间的复合"、而"一个包含动词词组复合体的小句仍是单个小句,呈现为一个过程,只有一个及物性结构和语态结构"的表述有所冲突。一个理论系统中,相同的是理论术语,对语言的应用分析可以根据实际进行适合的具体分析,这也是系统功能类型学的原则之一(参见 Caffarel 等 2004),但如果不加以具体的说明,那么这里很容易造成误解;同时,由于本书所讨论的小句复合体现象将会涉及到小句与小句复合体、动词词组复合体与小句复合体的区分,而动词词组是小句的组成成分,是确定小句成立的关键部分,所以,这里将花点笔墨对动词词组与动词词组复合体问题进行解释。

见 张斌 2002）。动词短语（词组）可以插入"得/不"或其他成分，而复合动词不能，我们不能说"*说得/不明"，但可以说"看得/不见"。从静态的构词法角度来看，"说明"是动词，"看见"和"走来"是由两个动词"看""见"以及"走""来"构成的动词词组。但由于动态使用中的动词词组（也就是小句中的动词词组）也可以由一个动词充当，如"他们走了""他们来了"中"走了""来了"分别是动词词组，然而"他们走来了"中的"走来了"也是动词词组，"来"是表趋向的相位，词形上没有任何变化。这也就是说，是两个动词构成的动词词组还是两个动词词组形成的动词词组复合体，我们不能像英语那样从形态上得以区分。我们认为，二者的区分关键在于经验意义。"只有通过经验功能才能辨识出那些能够分析为'事件+延伸'功能的词组，同时还要认识到各种各样的动词复合体呈现是经验的意义，但结构类型却可能是逻辑的、小句联结的方式。"（McDonald 2004：244）

汉语中的动词词组从形式上分为简单形式和复合形式两种，简单的动词词组由一个动词构成①，如："他一个人住。"句中的动词词组由简单动词"住"充当。复合的动词词组由核心动词和助词构成，如"他介绍了产品的使用方法"中动词词组由复合动词"介绍"与助词"了"构成。又如："他远远地看着女孩的背影。"句中动词词组由动词"看"和助词"着"构成。

汉语中的动词词组复合体的内部也有并列关系和主从关系

---

① 动词词组是动态使用中的单位，是小句的组成成分，而动词是静态的单位，动词不能直接在小句中起作用。

的划分。并列动词词组复合体常常通过并置和联合构成,有些连词或连接副词既可以用来关联小句复合体又可以用来关联动词词组复合体,如:

(16) a. 会议<u>讨论并通过了</u>这个决议。
　　　b. 他的眼睛<u>黑又亮</u>。

(16a) 由动词词组复合体"讨论并通过了"体现过程,其中动词词组"讨论"与"通过"由连词"并"关联;(16b) 则由形容词性的动词词组复合体[①]"黑又亮"体现过程,连接副词"又"关联两个动词词组,而这两个动词词组是简单形式,分别是"黑"和"亮"。这也说明一点:连词与连接副词是区分动词词组与动词词组复合体的一种形式标记。

[①] 由于汉语中的形容词能体现过程,Halliday & McDonald (2004) 将形容词直接归为动词,而没有单独作为一个词类。考虑到表述的方便,也便于与汉语传统语法的接轨,本书仍使用形容词的表述,是动词性词类的一个分支,其线性递归构成的复合体为形容词性的动词词组复合体。

主从动词词组复合体①方面，汉语中也有类似于英语中的"相位""意欲"和"意态"的主从动词词组复合体，如：

---

① Halliday & McDonald（2004：385）认为汉语中递归性的经验识解（the discursive construal of experience）常常通过"连动结构"（serial verb construction）来表达，然而，他们（314页、392页）在分析具体的连动结构例句的时候却又分别表示为三个动词词组体现的三个过程，如：
（17）　　动作者　　　过程1　目标　过程2　范围　过程3
　　　　　 NG1　　　　VG1　　NG2　　VG2　　NG3　　VG3
　　　　　每天，我　都　带　　鲍比　去　　公园　散步。
（Halliday & McDonald 2004：314, 392）
此外，McDonald（2004：244）将同一个例句作如下两种可能分析：
（18）　‖1　　　　　　　　　　‖2　　　　　　‖
　　　　时间 施事　过程　参与者　过－　参与者　－程
或：时间 施事　过－　媒介　　－　　范围　　－程
　　　每天，我　都　**带**　鲍比　**去**　公园　**散步**。
（McDonald 2004：244，黑体为原文所有）

McDonald 指出，是分析为动词词组复合体构成的单个小句还是一个小句复合体，这存在争议。但是，我们也可以发现，McDonald 所提供的两种可能性分析仍与 Halliday & McDonald 上面的分析不同，这也使我们疑惑：是三个动词词组体现的三个过程［如（17）的分析］，还是一个动词词组复合体体现的一个过程［如（18）中的第二种分析］，或是两个过程联结而成的小句复合体［如（18）中的第一种分析］？这充分说明汉语动词词组、动词词组复合体与小句复合体之间的不确定性。对此，我们认为，汉语中连动结构过于宽泛，我们不能简单地把它们对应为动词词组复合体。从系统功能语言学的角度看，汉语中的连动结构应分为广义的和狭义的，广义的连动结构是指两个或以上的动词连续出现的形式，动词后不跟随名词性成分也在内，如"他走过来了"；而狭义的连动结构不包括动词后不跟随名词性成分的形式，如"他进城看病"。高增霞（2005）将连动式看成是介乎于单句和复句之间的，是处于小句整合的连续统上，我们赞同这种观点，相关的讨论将于第七章进行。

(19) a. 小王开始学习了。
    b. 我要努力完成任务。
    c. 我试试看。
    d. 快帮忙整理一下。

然而，汉语中，动词性成分具有相对自由的、彼此联结的潜能。主从关系的动词词组复合体的构成很自由，如：

(20) a. 大家都忙着复习功课。
    b. 不要躺着看书。
    c. 这两天小媳妇闹着要回娘家。
    d. 把鸡蛋拿来煮了吃了。
    e. 剩饭留下来喂狗。
    f. 洗洗睡吧。

上述动词词组中包含有表示时体①的助词"着""了"，表示相位的"来/去"，或动词的重叠形式，这些形式之间有相同之处，比如表时间意义，有时候可以互换，如"把鸡蛋拿来煮着吃了""剩饭留着/了喂狗""洗了睡吧"。动词词组也可以不通过"着""了"等这些手段而直接构成动词词组复合体，如：

(21) a. 奶奶不小心摔一跤。
    b. 他计划旅行周游世界。

---

① 时体（aspects）指动作的进行、完成状态。汉语动词没有形态变化，其时、态、体由介词、助词体现。

McDonald（2004）认为，当前的动词性成分的分析是基于两种分析之上：①动词成分的成分性质，即是小句级还是词组级；②动词成分的功能性质，即逻辑的和/或语篇的、人际的和经验的。由此而衍生出两种分析原则："一个主要动词一个小句""一个过程一个小句"。McDonald（2004）指出，这两种分析都有不尽如人意的地方，从多功能的角度看，并非总是"一个动词一个小句"，而同时，也不可能所有的案例都强加"一个过程一个小句"的限制。因而，McDonald 认为需要弃用动词词组作为跨功能的决定性语法单位的概念，而应当把它视作表示一个经验的动词词组的狭义概念。从而，动词词组作为一个区别于小句的单位，是严格意义的经验现象，在及物性结构中体现过程。McDonald 根据词组功能和小句功能区分三种动词词组：①简单动词词组：词组功能和小句功能一致，小句功能的过程对应词组功能的事件，如"这时下课铃响了"，"响"是词组功能"事件"和小句功能"过程"的重合。②复合动词词组：小句功能的"过程"在词组功能上是"事件+延展部分"，如"他停下笔"中，小句层面的"过程"由词组层面的"事件+延续部分"体现。值得一提的是，McDonald 将传统语法中的程度补语也视作"延续部分"的一种，如"其他课长得没有边"，被分析为"长（事件）得没有边（延续部分）"。③复杂动词词组：一系列动词以逻辑关系呈现，类似于 Halliday 所说的动词词组复合体，如"他解释说"，是一个过程由两个有逻辑关系的动词词组体现。从 McDonald 的分析可见，动词词组复合体是动词词组的一种，有点逻辑功能也表达经验功能的意味，我们认为这种划分突出了汉语动词词组和动词词组复合体之间的相似性，但解释的力度不够。如"(车)快－得我们都赶－不－上"①,Halliday & McDonald(2004:386－387)认为是"显而易见的两个过程,第二个过程是结果增强小句",这便与上述 McDonald 的第二种动词词组的分析自相矛盾。我们认为有必要区分动词词组和动词词组复合体,同时,坚持以"过程"作为区分小句与小句复合体的原则,小句复合体是体现"过程之间的关系",而"一个包含动词词组复合体的小句仍是单个小句,呈现为一个过程"(Halliday 1994/2000:216、282)。这样,有助于系统的分析和把握。

4.4 汉语小句复合体的界定

从以上两节的分析我们可以看出,要判断是不是小句复合体,就要区分是小句的重复还是小句内的成分。具体语法体现又分为三种情况,即是环境成分还是从属小句;是充当小句成分的嵌入小句还是从属小句;是动词词组复合体共同体现的单一过程还是小句复合体体现的不同的过程。如何将小句复合与小句成分区分开来,我们采用多功能的分析方法。根据黄国文(2007),采用多功能分析原则,既可以是同时对目标单位进行概念、人际、语篇功能的分析,也可以是根据需要对其中一种或多种功能的分析。小句复合体的界定主要与概念功能和人际功能相关联,接下来,我们将从概念功能和人际功能方面来界定汉语小句复合体。

---

① "－"为原文所有。

4.4.1 概念功能分析

概念功能是对人类经验的表述，根据 Halliday & Matthiessen（1999），经验现象分为成分、图形、序列三类，成分主要包括参与者、过程、环境成分和连接者；成分与成分组成图形，图形则通过连接者与图形构成序列。在经验及物性结构中，过程是核心，参与者是必要成分，而环境成分是选择性成分，因而，从经验功能来看，主要从过程与参与者两方面来看。连接者的功能主要是关联两个过程，从而，连接者也是一个显性的判断手段之一。

4.4.1.1 过程标准

小句复合即是过程的复合，小句复合形成的小句复合体中的小句之间的关系是"过程之间的关系"（Halliday 1994/2000：216）。判断是不是过程，则看是不是表述了一个情形（situation），具体说，是不是表达了一个事件或状态。汉语中，事件过程主要由动词来体现，而状态过程则主要由形容词来体现。一般的原则是一个谓词（包括形容词）体现一个过程，一个小句复合体意味着两个或两个以上的过程，对应就有两个或两个以上的谓词，这是个一般的规律，却并不是个绝对定律，我们还需要将小句复合体与动词词组复合体以及嵌入扩充的小句区分开来。

4.4.1.1.1 过程的数目

要识别是几个动词词组连接成的动词词组复合体还是小句复合体，界定标准在于过程的数目。动词词组复合体整体上体现一个过程，而小句复合体有两个或以上的过程。那么，如何判断是不是过程？

第 4 章 汉语小句复合体的定位与界定

一个过程可以通过添加环境成分来对这个过程进行情景扩充，同时还可以进行情态意义上的评价（Halliday & Matthiessen 2004/2008：368），不同的过程之前可以添加不同的环境成分和评价性的人际成分。根据这一点，我们可以用来区分动词词组复合体与小句复合体。

(22) a. 我们<u>嚷着，跑着，笑着</u>。（鲁迅《风筝》）
  b. 我包的饺子<u>不好看，也不好吃</u>。
  c. 孙武<u>带着他的兵法去求见吴王阖庐</u>。（张旺熹《汉语句法结构的认知研究》）
  d. 老李<u>上街买菜去了</u>。

上例（22a），三个动词词组可以分别添上不同的副词词组，比如"我们大声地嚷着，飞快地跑着，欢快地笑着"，其中"大声地""飞快地"分别对过程"嚷着"、"跑着"进行程度修饰，"欢快地"则是说话人对过程"笑着"的主观评价，因而（22a）是由三个小句连接而成的小句复合体。（22b）、（22c）也是如此，可以增添环境成分、情态成分使小句界限明晰，如"我包的饺子很不好看，也不太好吃"，"孙武心急火燎地带着他的兵法日夜兼程地去求见吴王阖庐"。（22d）却不同，我们可以用表达时间的"刚刚"和表评价的"兴高采烈地"同时修饰"上街买菜去了"，成为"老李刚刚兴高采烈地上街买菜去了"，而不能分别进行修饰，成了"*老李刚刚上街兴高采烈地买菜去了"。因此，（22a）、（22b）和（22c）都是小句复合体，而（22d）是含有动词词组复合体的小句。我们还可以从参与者的角度来进一步判断。根据 Halliday（1994/2000），一个过程至少有一个参与者，（22a）、

(22b) 和（22c）分别有两个以上的过程，就应分别对应有两个以上的参与者。事实上也是如此，这三句可以理解为"我们嚷着，我们跑着，我们笑着"，"我包的饺子不好看，我包的饺子也不好吃"，"孙武带着他的兵法，他去求见吴王阖庐"。然而，或者"带着他的兵法，孙武去求见吴王阖庐"；（22d）却不能说成"*老李上街，他买菜去了"或者"*上街，老李买菜去了"。

此外，时体也可以用来区分动词词组复合体与小句复合体。汉语中，时间不是通过时态而是通过时体来进行语法标记，即是说，一个过程被识解为相应的语境中已完成或未完成状态（参见 Halliday & McDonald 2004）。如（22a）"着"是未完成事件标记，表示三个过程同时正在进行中。"了"用在动作动词后则标记过程的完成状态，如，"老李上了街买了菜"有两个已完成的过程，分述两个事件，后面一个过程的参与者也可相应补出，"老李上了街，老李买了菜"。要注意的是，我们要区分动词后的时体标记"了"和小句末尾表完句的"了"，后者如（22d）中的"了"。关于这一点，我们这里不进一步分析。

4.4.1.1.2 过程之间的关系

根据系统功能语言学，嵌入小句的语法地位是成分，不能单独表述语义事件图形，是对所在小句的内部扩充；而从属小句可以体现图形，依赖于主要小句，与之一起构成小句复合体，从外部扩展或投射小句。是成分性质的嵌入小句还是依赖性质的从属小句这一问题仅凭过程的数目标准无法解决，我们还需要考察两个小句所体现的过程之间的关系。

小句复合体中的两个小句所体现的过程是同一级的两个过程，嵌入小句可以与嵌入小句构成嵌入性质的小句复合体，却不能与级阶上的小句一起构成小句复合体，也就是说，嵌入小句与包含这一嵌入小句的小句所体现的过程之间实质上不是过程与过程之间的关系，而是成分与过程之间的关系。含嵌入小句的小句与主从小句复合体的共同点是，从形式上看都有两个小句，从过程上判断也就是要判断是同一级的两个过程，还是一个包含有嵌入成分的过程。换句话说，是过程与过程的关系还是成分与过程的关系是识别主从小句复合体和嵌入扩充的小句的主要标准。这一小节我们主要以传统语法中意见分歧很大的"介词+小句，小句"以及"（介词）+小句+的+名词"的两类现象为分析对象来区分嵌入小句与从属小句，以识别主从小句复合体。

(23) a. 要打官司的话，板子该打在你身上。（邢福义 2001：84）

  b. 去看戏的时候，要先买票。（Chao 1968/2004：814）

(24) a. 因为没有经验，我们走了一些弯路。（林裕文 1984：13）

  b. 为了职工能安心工作，机关办起了托儿所。（吕叔湘等1995：552）

  c. 当尖嘴的布谷鸟一叫，人们就在这荒野进行了第一次播种。（周刚 2002：12）

  d. 对于学习理论，大家都没有意见。（林裕文 1984：13）

(23)组的画线部分为"小句+的+名词"① 的结构形式，(24)组都是"介词/连词+小句"的结构形式，当画线部分是从属小句，则整个例句是小句复合体；若是嵌入小句，则画线部分是名词词组或介词短语，在整个例句中充当小句成分。(23a)中小句"板子该打在你身上"与小句"要打官司"从语义上看已自足，小句之间也没有包含与被包含的语法关系；同时，"要打官司的话"中的"话"已没有多少实在的意义，不表示实体，"的话"已语法化为非词的连接形式，这已得到广泛的认可，可见，(23a)是后置连接词语"的话"关联前后两个小句构成的小句复合体，"的话"标记着小句"要打官司"的从属地位。(23b)也是如此，小句"去看戏"和小句"要先买票"本身已自足为独立小句，两个小句用"的时候"关联起来便存在先后的时间关系；"的时候"也可以省略，两个事件的先后关系由副词"先"体现；"的时候"还可以置换成"的话"，这时"去看戏"与"要先买票"之间是条件关系。由此可见，在过程数目标准不可行的时候，我们可以通过看过程之间的关系来判断是嵌入还是从属。

上述(24)中的"介词+小句"这类结构我们也需要通过考察小句过程之间的关系来确定其语法地位。在系统功能语言学中，介词与名词词组组合成介词短语，小句要进入介词短语，需要发生级转移以嵌入小句身份进入名词词组中，充当其

---

① 关于"的"后面的词的性质，如"时候"，汉语传统语法学界有不同的观点。Chao（1968/2004）认为是"后附（enclitic）单位"，郎大地（1997）将其归为方位词，董秀芳（2000）认为是后置词，Eifring（1995）将其看成是"拟中心语"（pseudo-head）。我们这里不对词性作具体分析，而以名词统称之。

中心语的修饰成分或限定成分,如,"在挂满了油画的墙壁上",嵌入小句"挂满了油画"修饰中心语名词"墙壁"。但是,"介词+小句"结构中,介词后仅仅一个小句,而没有中心语成分。当然,并非所有的嵌入小句都需要中心语成分作为缓冲,如主语、谓语、补语功能空位,嵌入小句可以直接填充。即便这样,有一点很清楚,那就是,这些功能空位上的嵌入小句作为整个小句的成分性质一目了然,一旦去掉这一嵌入小句,剩余部分不再是小句形式。(24)组中的4个例句去掉前面的画线部分之后,剩余部分仍保持其小句地位;而将(24)中的四个例句的画线部分中的介词删去,前三个例句中画线部分剩余的小句本身可以成立,而(24d)不能,"对于学习理论"中的"学习"的动词性削弱,更倾向于名词化,它不能补出参与者,我们不能说"*对于大家学习理论",从而(24d)的画线部分是介词短语,而不是介词引导的从属小句。如:

(24') a. 没有经验,我们走了一些弯路。
　　　b. 职工能安心工作,机关办起了托儿所。
　　　c. 尖嘴的布谷鸟一叫,人们就在这荒野进行了第一次播种。
　　　d. *学习理论,大家都没有意见。

从两个小句之间的关系来看,例(24a)(24b)(24c)中画线部分的小句与随后的小句一起构成小句复合体,小句之间相互依赖,并有相应的逻辑语法关系。可见,介词的作用是连接这两个小句;而第一个小句前添上这类介词,这个小句的独立性削弱,依赖性增强,需要依赖于随后的小句而存在。略微有些不同的是，例（24b）出于语义连贯的需要不能去掉句首介词。关于这一点，我们将在连接者这一小节继续谈。

综合起来，从过程的角度识别小句复合体，不仅仅是看过程的数目，还要看小句所体现的过程之间的关系。

4.4.1.2 参与者标准

根据 Halliday，一个主要小句有一个过程和至少一个的参与者，两个小句连接而成的小句复合体就有两个过程及其相应的、不少于两个的参与者，如，"妈妈在厨房炒菜，爸爸在客厅看电视"这个小句复合体有两个过程"炒"和"看"，这两个过程分别有各自的两个参与者，动作者"妈妈"和目标"菜"；动作者"爸爸"和范围"电视"。不同的两个过程的参与者为同一个参与者时，可以同时都出现，如（25a）；也可以其中一个省略，如（25b）；甚至可以都隐现，如（25c）、（25d）。

(25) a. 当她看到崔秀玉和白莉萍都哭了，她忍不住走到白莉萍身边：看着他们，想说什么又说不出来。（张斌《现代汉语虚词词典》）
　　 b. 我包的饺子不好看，也不好吃。
　　 c. 如果不想去，可以不去。
　　 d. 想去就去。

隐现的参与者可以根据语境使之显性化。如，（25b）"我包的饺子不好看，我包的饺子也不好吃"；（25c）"如果你不想去，你可以不去"；（25d）"我想去我就去"。由此，一些从过程的角度看是相似的结构形式，通过参与者的隐现，我们可

第4章 汉语小句复合体的定位与界定

以发现它们之间的不同,比如:

(26) a. 当梅兰芳到达兰州的时候,他受到了各界群众的热烈欢迎。
　　 b. 当到达兰州的时候,梅兰芳受到了各界群众的热烈欢迎。
　　 c. 当他们发现被洪水围困时,已经无法撤离了。(CNC)
　　 d. 当群众了解了实验组的来意后,便纷纷议论了起来。(CNC)

(27) a. 在梅兰芳到达兰州的时候,他受到了各界群众的热烈欢迎。
　　 b. 在到达兰州的时候,梅兰芳受到了各界群众的热烈欢迎。
　　 c. ? 在他们发现被洪水围困时,已经无法撤离了。
　　 d. * 在群众了解了实验组的来意后,便纷纷议论了起来。

　　传统语法一般认为"当+小句+的时候/时/后"与"在+小句+的时候/时/后"可以互换,并且都被看成是介词短语,然而,从上面两组例句的对比来看,我们可以发现这两种结构既有相同之处,从(26)、(27)对应的(a)、(b)可以看出;更有不同之处,(26c)中"他们"出现在"当"后,而在随后的小句主语空位隐现,(27c)中"当"改为"在"时,语感上却不那么自然;(26d)中用"当"整个表述仍然可以成立,但(27d)中用"在"句子却不能成立。
　　根据系统功能语言学,连接成小句复合体的两个小句都应是级阶上的小句,嵌入小句不能与级阶上的小句连接成小句复合体,因而,小句复合体中的两个过程对应的参与者是处于同一级上的功能成分,这与嵌入小句中的参与者的地位是不相同的,如:

(28) a. 他不来是件怪事。(黎锦熙 1924/1992:185)
　　　b. 表妹气得嘴唇发抖。(Eifring 1995:132)

(28a)中,"他"在嵌入小句中充当动作者,而在整个小句中,嵌入小句中的动作者"他"需要通过嵌入小句在整个小句中起作用;(28b)也是如此,这个小句过程对应的参与者是感受者"表妹",而"嘴唇"是嵌入小句的参与者,也就是说,这两个参与者是不在同一级上的。

因而,我们至少可以说,从参与者的隐现来看,与"在+小句+的时候"结构相比较而言,"当+小句+(的时候)"更适宜于处理成从属小句,这也进一步证实上文从过程角度将"当"的情况处理为小句复合体这一结论。

汉语小句复合体中,前后参与者不一样时,可以都隐现,如:

(29) a. 好吃,就多吃点。
　　　b. 做啥,吃啥。

这两个小句的参与者都是隐性的,都可以将参与者显性化。(29a)即是"(某类食品)好吃,(食者)就多吃点(这种食品)",第二个是个祈使小句。(29b)则需要根据语境看是(听话人)做什么东西,(说话人)吃什么东西,或者(说话人）做什么，（听话人）吃啥。隐现的参与者在不同的语境中可能有不同的选择，而不同的参与者可能有不同的分析结果，如：

（30）给他约一个时间重新检查。

上例（30）中动词词组"重新检查"存在两个参与者空位，检查者与被检查者，被检查者即说话人指的"他"，而检查者所指根据说话情景而定。当这类检查按惯例由其他部门人员承担，具体由谁去检查与对话者双方无关，我们理解为隐性的、泛化的参与者，这种情景下，说话人是指令听话人给"他"预约检查时间，相当于"你给他约一个重新检查的时间"，例（30）分析为含嵌入小句的单句。还有一种可能，重新检查的动作施动者为说话人本人，从而有两个动作施动者的事件过程，"你预约时间"和"我重新检查"，这是语境意义的选择，这时，例（30）应当视为是小句复合体。

由此可见，参与者也是界定小句复合体的一个重要的因素之一。

4.4.1.3 连接者标准

从通过意义识解经验的角度来讲，连接者是起连接作用的成分，主要关联图形与图形，也可用来关联其他成分。连接者在词汇语法层体现为连接词语，连接词语标示小句连结（图形序列的一致式体现形式）中两个小句之间的逻辑语义关系，最为典型的连接者由连词体现，同时，连接者也可以是介词（短语）、名词词组以及一些包含非限定动词的表达（参见Halliday & Matthiessen 1999）。汉语中，连接词语不是一个固定的词类，也不限定于是词，也就是说，连接者可以由不同的形式体现，其核心在于连接功能。连接词语可以是连词，如，"既……又……""或者……或者……""因为……所以……""如果……"等等；也可以是副词，比如，"也""还""就"等等；还包括大量的非词形式，像"不但不""也就是说"等等。连接词语的使用能够明化小句间的语义关系，如（31a），并突显出小句间的关系，如上例（22a）（22b）分别添上连接词语，"不但""也"和"一边"之后，更容易得出（31a）（31b）是小句联结构成小句复合体的结论。

(31) a. 我包的饺子不但不好看，也不好吃。
　　　b. 我们一边嚷着，一边跑着，一边笑着。

这一小节我们主要探讨介词充当连接者这一问题。上文从两个小句之间的关系分析了汉语中"介词+小句，小句"现象实质是小句复合体，接下来我们从连接者的角度进一步证实。我们可以将介词替换成常见的连词，如（32），介词"鉴于"可以置换成"因为""如果""只要""不管"，（32b）、（32c）、（32d）和（32e）是普遍认可的小句复合体，因而，我们应当将（32a）也归入小句复合体。（33）、（34）同样也显示了这一点。

(32) a. 鉴于他有创造发明，上级部门授予他荣誉称号。（周刚 2002：13）
　　　b. 因为他有创造发明，上级部门授予他荣誉称号。
　　　c. 如果他有创造发明，上级部门就会授予他荣誉称号。

  d. 只要他有创造发明，上级部门就授予他荣誉称号。

  e. 不管他有没有创造发明，上级部门都授予他荣誉称号。

(33) a. 为了职工能安心工作，机关办起了托儿所。（吕叔湘等 1995：552）

  b. 机关办起了托儿所，以便职工能安心工作。

(34) a. 当她的每一个对手表演结束身体落地的一刹那，她就拍着椅背高喊："站稳！"（Eifring 1995：71）

  b. 每当她的对手表演结束身体落地的一刹那，她就拍着椅背高喊："站稳！"

  由此可见，介词也可以充当连接词语，这样更适合维护语法的系统性和一致性。

4.4.2 人际功能分析

  从人际功能来看，主要是从语气方面来谈。汉语小句的语气选择不是像英语一样体现为"主语＋限定成分"的语气结构，而是主要体现为语调并辅以句末语气词的使用。拿疑问语气来说，疑问语气小句可以分为特指问句和是非问句，都不用改变原有语序，是非问又分为中立问（unbiased interrogative）和偏指问（biased interrogative）（Halliday & McDonald 2004），中立问多用"V不V"来提问，而偏指问是在陈述小句末尾直接添加疑问语气词"吗"，而疑问语气区别于其他语气的关键是在语调上，疑问语气一般是升调。嵌入小句没有语气选择，如，(35a) 充当修饰语的嵌入小句"你买"不能跟随表疑问语气的"吗"或"呢",否则句子不成立;(36a)、(36b)同样也是充当修饰语的嵌入小句,不能用"V不V"的形式,如(36c);(37a)嵌入小句填充主语空位,虽然是"V不V"的形式,但并不表疑问语气,因为(37b)中"他会不会说台语"不能是升调,并且后面也不能出现"呢"。汉语中,"V不V"和"吗"分别为中立问和特指问的表现形式,不能同时共现,所以不能用"吗"来检验。(38a)填充主语空位的嵌入小句"他不来",同样不能添加"吗"或"呢"[如(38b)]。

(35) a. 你买的新衣服很漂亮。
　　　b. *你买吗/呢的新衣服很漂亮。
(36) a. 会说台语的张三很聪明。
　　　b. 不会说台语的张三很聪明。
　　　c. *会不会说台语的张三很聪明。
(37) a. 他会不会说台语没关系。(Li & Thompson 1981: 606)
　　　b. *他会不会说台语呢没关系。
(38) a. 他不来是件怪事。(黎锦熙 1924/1992: 185)
　　　b. *他不来吗/呢是件怪事。

根据 Matthiessen (1995),英语中,小句分为自由小句(free clause)和约束小句(bound clause),自由小句有不同的语气选择,约束小句则包括从属小句(dependent clause)和嵌入小句,二者都没有语气的选择,有点类似于陈述语气,但不是真正的陈述语气,不能用附加问句来检测。这个论述对于语义扩展类而言是正确的,关于这一点我们将在第6章进一步探讨。而对于投射类，从属小句与嵌入小句在语气选择方面有一定的差异，如 Martin（1988/2010：105-106）观察到，从投射的角度来看，从属小句比嵌入小句更直接参与会话中，引用的从属小句或报道提议的从属小句可以允许有语气结构。汉语中也是如此，我们可以借以界定投射的小句复合体以及区分嵌入的投射小句和从属的投射小句。

(39) a. 他劝我们别走。(Li & Thompson 1981：610)
　　　b. 杨白劳请求黄世仁，再宽限些日子吧。（张雪涛、唐爱华2005：23）

汉语传统语法认为（39a）是单句，（39b）这类现象较少讨论，邢福义（2001）将这类视为特殊的现象，但并未明确区分是单句还是复句；张雪涛、唐爱华（2005）则将其归入单句。(39)中的两个例句无论是从过程还是从参与者的角度看，都是小句复合体。我们还可以从语气的角度看。(39a)的后一个过程是"别走"，为祈使语气结构，然而，该祈使语气结构并未真正体现命令的言语功能，听话人的预期回应往往不是以行动来肯定或否定这一命令，而是对"他"劝说行为进行言语回应。(39a)我们分析为报道投射类的主从关系小句复合体。(39b)的后一个小句也是祈使语气结构，动词在句首，末尾还有"吧"来表现请求、商量语气，从而（39b）是自由引用投射类小句复合体，所投射的小句是话语，仍保留说话人的口吻，只是没有用引号，是并列关系的小句复合体，而韵律停顿一旦消失，末尾语气助词"吧"也不复存在，"杨白劳请求黄世仁再宽限些日子"则是主从关系的小句复合体。

(40) a. 你知道李四会不会来吗？
b. 你觉得李四会不会来呢？
c. 李四会不会来，你知道吗？
d. 李四会不会来呢，你觉得？

（40）中的两个例句不同于（37）的情况。（37a）中"他会不会说台语"是嵌入小句，充当整个小句的主语成分，而（40）两例中，"李四会不会来"更接近是从属小句，可以前置，小句末可带语气助词"呢"，并与控制小句间有语音停顿，如（40c）（40d）所示。（40a）句末语气助词"吗"不是附着于"李四会不会来"，不能理解为"＊你知道［李四来不来吗］?"，而是附着于命题"可知道"，即，"李四来不来，你知道吗？"，如（40c）。（40b）略有不同，"V不V"形式后可跟随语气助词"呢"，我们似乎理解为"你觉得［李四会不会来呢］?"，即"呢"附着于"李四会不会来"后，然而，我们将其前置，即可发现疑问语气实质上是附着于"你觉得"，"李四会不会来呢，你觉得？"，如（40d），而不是"李四会不会来呢？你觉得呢？"。因此，（40a）（40b）是小句复合体，从属小句包含在控制小句的疑问语气范围内。

我们还可以从情态方面来看。嵌入小句一般不能没有主观情态选择，而从属小句可以。如：

(41) a. 消息灵通的人士透露，今年年底每个员工的工资大概能上涨百分之十左右。（王文格《现代汉语形谓句优先序列研究》）
b. 姜维估计魏国的兵马夜里可能要来踹营。（同上）

第4章　汉语小句复合体的定位与界定

汉语传统语法将上述（41）中的两例看作单句（即一个小句），从系统功能语言学角度看，则是语义投射的小句复合体。汉语中，还有一类现象值得我们关注。

(42) a. 我接过茶，喝了一口，<u>多么香甜的罗汉茶啊</u>。（邢福义 2001：578）
　　b. <u>这么大的雨</u>，吴师傅恐怕来不了啦。（邢福义 2001：572）
　　c. <u>蛇！</u>快跑！

（42）中三个例句的画线部分是不是小句？我们认为这些是 Halliday（1994/2000）所说的零句（minor clause）。Halliday（1994/2000）根据是否有"语气+剩余部分（Mood + Residue）"结构，将英语小句分为整句（major clause）和零句，整句体现交换信息、提供商品或服务等主要言语功能。零句体现感叹、呼叫、招呼与警告这些次言语功能；次要言语功能也可以由整句体现，但大多数体现形式不需要有内部结构，因而 Halliday 区分整句和零句实质上是从小句的内部语法结构来分的。Halliday 指出，一些感叹形式可以分析为名词词组，也可从及物性的角度分析为小句，警告有些像感叹，处于整句和零句之间。那么，零句能否与整句一起形成小句复合体？我们的答案是可以。（42a）画线部分"多么香甜的乌龙茶啊"体现感叹的言语功能，"多么……啊"是汉语感叹语气的一种体现形式，这个小句本身也可独立存在。在（42a）中，前两个小句表连续的两个事件，"接茶""喝茶"，接下来的小句进而由衷而发感叹"茶香"，连贯来看，准确地说，这个小句是表归属的关系过程，判断所喝的"茶"是"罗汉茶"，即"是

111

多么香甜的罗汉茶啊",体现归属关系过程的动词"是"隐省（参见 Halliday 1994/2000：241）。（42b）和（42c）也是小句复合体。根据 Halliday & Matthiessen（2004/2008：368），小句复合总包括赋予、扩展或投射以扩充小句性质，我们认为，汉语中，表感叹或警告的零句可与整句一起形成小句复合体。

4.5 小　结

本章首先确定了汉语小句复合体在整个语言系统网络中的定位问题：从级阶方面看，汉语小句复合体位于语法的最高一级——小句级，汉语小句复合体不是基本语法单位，而是小句的复合；从层次的观点来看，汉语小句复合体在语言系统中处于词汇语法层；从元功能角度看，汉语小句复合体由语言概念功能中的逻辑功能产生，区别于由概念功能中的经验功能产生的环境成分扩充小句和语篇功能机制下衔接的独立小句；韵律的人际意义影响着小句之间的逻辑关系。总的来说，汉语小句复合体主要由逻辑功能产生，而语言的其他功能——经验功能、人际功能在不同程度上作用于它。接着，在分析了汉语小句复合与小句成分之后，本书从多功能的角度探讨了汉语小句复合体的界定问题，指出判断汉语小句复合体的标准主要来自于概念功能，过程的数目和过程之间的关系是核心判断标准，而参与者和连接者也是重要的识别参数。

第5章　汉语小句复合体系统的描写与构建

5.1　引　言

　　系统功能语言学认为，语言是用来构建意义的工具，是多层次的系统，其中，语义层由词汇语法层体现，同时，通过措辞（wording）的形式，语法为人们表达各种各样的意义提供了基本的资源。也就是说，系统功能语法是基于"语法作为资源"（grammar as resource）观而不是"语法作为规则"（grammar as rule）观，"它展现的是整个语法系统而不是零散的各种结构"（Halliday & Matthiessen 1979/2009：108）。上文我们谈论到概念功能是作为表述人类各类体验的功能，相应地，概念语法为识解经验作为意义提供了资源，它同时包括经验结构和逻辑结构这两个互补的识解方式，经验结构是成分与成分组成的有机的构造（organic configuration），逻辑结构则是经验作为开放式的序列呈现。从功能上看，小句复合体是两个或以上的过程的复合，而从语法来看，小句复合体系统为联结两个或更多的经验结构提供了资源（参见 Caffarel 2006：20）。本章我们将集中从逻辑功能入手，看汉语小句是如何通过逻辑关系形成汉语小句复合体。

5.2　小句复合体的两类关系

小句复合体是级阶上的小句与小句之间相互关联产生的现象，是由相同单位（小句）线性递归产生的单变量结构。任何一组通过相互依赖关系联系起来的两个小句，即为小句连结，小句连结是最小的小句复合体，构成小句复合体的这些小句之间存在两种关系：①相互依赖关系，即配列关系；②逻辑语义关系。

所有构成小句复合体的小句之间都存在相互依赖性。小句之间的这种相互依赖性，分为并列关系和主从关系两类。并列型的小句复合体是地位平等的小句之间的联结，第一个小句是起始小句（initiating clause），第二个小句是继续小句（continuing clause），这些小句用阿拉伯数字1、2、3……标示。如：

（1）Kukul crouched low to the ground and moved slowly.
　　　　　　1　　　　　　　　　　　　2

主从型的小句复合体中的两个小句之间地位不平等，一个为控制小句（dominant clause），另一个则是依赖于控制小句而存在的依赖小句（dependent clause），主从关系的小句用希腊字母α、β、γ等标示。如：

(2) As he came to a thicket, he heard the faint rustling of leaves.

　　　　　　　β　　　　　　　　　α

主从型的小句复合体中只有控制小句可以独立存在,控制小句和依赖小句的关系类似于中心词+修饰语结构的名词词组。依赖小句可以位于控制小句之前,也可以放置于控制小句之后,甚至包含在控制小句之中;控制小句也可以包在依赖小句之中,这种位置的选择主要取决于语篇的需要。

构成小句复合体的小句之间有首要(primary)和次要(secondary)之分,并列型中按出现先后顺序来确定首要小句和次要小句,先出现的小句为首要小句,随后出现的则为次要小句,即首要小句是起始小句,次要小句是继续小句;而在从属型中,不管出现的先后,首要小句是控制小句,次要小句是从属小句。如表 5-1 所示:

表 5-1　基本的小句关系(参见 Halliday 1994/2000：219)

	首要(primary)	次要(secondary)
并列关系 (parataxis)	John ran away, 1 起始小句	and Fred stayed behind. 2 继续小句
主从关系 (hypotaxis)	John ran away, α 控制小句	whereas Fred stayed behind. β 依赖小句

根据小句之间的逻辑语义关系,小句复合体分为扩展与投射两类。扩展是指一个小句对另一个小句的意义进行扩充、说明,具体分为详述、延伸、增强三类。详述关系(用"="表示)是指一个小句通过详细说明另一小句或它的一部分,

如用其他语句重述，或用更多细节细化，或加以评论，或例证阐述来进行意义扩展；延伸关系（用"+"表示）是指一个小句通过增加新的成分、举出例外情况，或提供其他选择等方式对另一小句进行扩展；增强关系（用"×"表示）是指一个小句从时间、地点、因果或条件等方面对另一小句进行修饰。投射则是对元现象（metaphenomenon）的再次表述，其中，一个小句的功能不是对（非语言的）经验的直接表述，而是"表述的表述"（胡壮麟等 2005）。被投射的小句可以是"话语"（用"表示），也可以是"观点"（用'表示）。

(1) 扩展：
(1a) 详述（=）　　"等于"
(1b) 延伸（+）　　"相加"
(1c) 增强（×）　　"相乘"
(2) 投射：
(2a) 话语（"）　　引语
(2b) 观点（'）　　转述

上面我们探讨了小句复合体的配列关系和逻辑语义关系。除了并列与主从关系、扩展与投射关系这两个子系统，小句复合体系统还包括递归性（recursiveness）子系统。递归性子系统包含两种选择，一是停止，二是继续。选择了停止，小句复合体就此画上句号，不再扩展；选择继续，就意味着在相互依赖子系统或/和逻辑语义子系统中继续新一轮的选择。Halliday 构建的英语小句复合体系统及其例句如图 5-1 所示。

根据 Halliday & Matthiessen（1999：301-302），汉语和英语一样，小句享有相同的逻辑关系发生小句联结，也就是说，

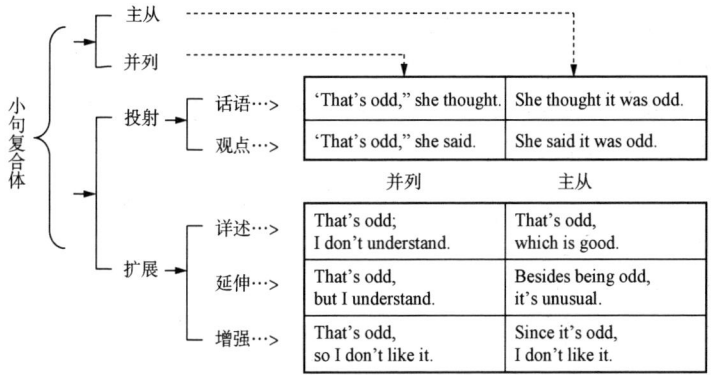

图 5-1 小句复合体系统（基于 Matthiessen 1995：142）

通过相互依赖关系和逻辑语义关系，小句线性递归（linear recursiveness）构成小句复合体，而主要差异则体现在语法形式上。接下来，我们将从配列关系子系统、逻辑语义关系子系统和递归性子系统着手来描写与构建汉语小句复合体系统。

5.3 配列关系子系统

汉语小句复合成小句复合体，小句间的相互依赖关系即配列关系同样分为并列关系和主从关系。下面我们主要从语法上来探讨配列关系在汉语小句复合体中的形式体现特点。

5.3.1 配列关系特征

并列关系和主从关系是自然语言中逻辑关系的两个基本形式，合称为配列关系。通过配列关系，级阶上的各个单位具有构成复合体的潜势。单位和单位复合体在结构呈现上有所不同，前者是多变量结构（multivariate structure），而复合体是单变量结构。多变量结构是不同功能关系的构造（Halliday 1979/2007，1994/2000），如名词词组"一簇美丽的木棉花"，它的内部构造是"数量+修饰语+类别+事物"；而单变量结构是同一功能关系的重复，如，"紫荆花和木棉花"。我们所探讨的小句复合体是单变量结构，是作为多变量结构的小句的重复，如，"媒介+过程"结构的重复、"主位+述位"结构的重复。

并列关系是对称性的（symmetrical）和传递性的（transitive），而主从关系是非对称性的和非传递性的；只要逻辑上允许，结合并列关系的某个语义关系即是对称性的和传递性的，而结合主从关系的语义关系不是对称性的和传递性的（Halliday 1994：221-222）。汉语中也呈现这一特点。

（3）a. 人比鱼高级，也比鱼复杂。（周斌、伍依兰 2009：3）
　　b. 人比鱼复杂，也比鱼高级。
（4）a. 假使你一个人害怕，我送你回去。（邢福义 2001：84）
　　b. *假使我送你回去，你一个人害怕。

例（3a）、（3b）是并列关系，前后两个小句是对称性的；例（4a）、（4b）是主从关系扩展，前后两个小句不是对称性的。

（5）a. 他不但学习好，而且工作好。
　　b. 他不但工作好，而且思想好。
　　c. 他不但学习好，而且思想好。

(6) a. 因为他临时有事,他没有参加活动。
　　b. 因为他没有参加活动,老师批评了他。
　　c. 因为他临时有事,老师批评了他。

传递性,Halliday(1994/2000)举例解释如下:"salt and pepper"与"pepper and mustard"一起即意味着"salt and mustard",即 A 与 B 和 B 与 C 之间的关系成立就意味着 A 与 C 之间的关系成立。例(5a)、(5b)是并列关系,(5a)和(5b)成立,意味着(5c)的成立。例(6a)、(6b)是主从关系,(6a)和(6b)的成立并不意味着(6c)的成立。可见,汉语也一样,并列关系是传递性的,主从关系则是非传递性的。然而,需要注意的一点是,并列关系是对称性的关系,而扩展语义关系却不是(Halliday 1994/2000:225),在系统功能语言学中,任何一个小句连结都是配列关系和逻辑语义关系同时选择的结果,因而,一些并列关系的小句连结不能前后小句交换位置或同一层次传递,不是因为并列关系的缘故,而是因为逻辑语义关系不允许①。从而,对称性和传递性与否只是配列关系的一般逻辑特征,并不是并列关系与主从关系区分的关键。

5.3.2　逻辑连接词语

配列关系可以通过连接词语来体现。一般认为汉语是意合

---

① 林裕文(1984)提出主从关系结构上具有封闭性,同一层次只能二分,而并列关系是非封闭性的,同一层次可以多分,即,并列关系的小句 A 与小句 B 可以扩展为同一层次的并列关系小句 A、小句 B、小句 C,而主从关系的小句则不能,同一层次的主从关系仅限于小句 A 和小句 B。这一种解释同样也存在逻辑语义关系限制。

的语言而不讲究形合，实质上，汉语中也有大量的连接词语，而连接词语的使用也有其特色，突出表现在三个方面：①连词在小句复合体中的位置；②连词在小句中可以使用的数目；③并列连词与主从连词的自由搭配。接下来我们主要结合这三方面来探讨并列关系与主从关系。

并列延伸类型不由任何连接词语联结是无标记的（unmarked），使用连接词语时，可以是只在次要小句中单个使用，如（7a），合用连接词语的话，则首要小句和次要小句中前后各用一个，如（7b）。并列关系连接词语不能只在首要小句中使用，如（7c）就不成立。

(7) a. 我包的饺子不好看，又不好吃。
　　b. 我包的饺子既不好看，又不好吃。
　　c. *我包的饺子既不好看，不好吃。

主从关系小句连结中，从属小句常包含从属连词。Halliday（1994/2000：239）指出，限定小句原则上是自由的，由从属连词连接时才变成依赖性质。也就是说，从属连词的使用，使原本可以独立的小句不独立，成为依赖小句，如（8a）；从属连词也可以用在本身不自由的依赖小句前，如（8b）。

(8) a. 因为他生病了，他没有去学校。
　　b. 因为生了病，他没有去学校。

结合出现的位置来看，从属连词可以出现在从属小句句首，如上述（8a）和（8b）；也可以出现在从属小句中，即从属小句主语后，这时，从属小句的主语一般要与控制小句的主语保持一致，如（9a）；从属连接词语还可以出现在从属小句句末，如（9b）。从数目来看，一个从属小句中可以同时使用两个或三个连接词语，最多不超过四个；连接词语可以前后连续使用，如（9c）、（9d）、（9e）。

(9) a. 孔子如果在，他会生气。
　　b. 孔子在的话，他会生气。
　　c. 如果孔子在的话，他会生气。
　　d. 如果要是真的中了奖的话，他会那样做。
　　e. 如果要是万一真的中了奖的话，他会那样做。

出现在第一个小句句首的连词相比于第二个小句而言，具有承接上文、连接下文的双重作用，而第二个小句中的连词一般是与上文呼应，连词要求用于该小句句首，一般不能出现在主语后。当从属小句出现于主要小句之后，从属连词一定要出现。选择哪一种表达，与语篇体裁有关，语场（field）、语旨（tenor）和语式（mode）发挥着重要作用。用于第一个小句的从属连词，相较于英语而言，有副词的性质，可以出现在主语的后面，这也是 Li & Thompson（1981）、Eifring（1995）将之归入副词的一个原因。具体地说，连接词语不是具体的某个词类，也不局限为是词，"也就是说""如果说"，都表连接功能，可以充当连接者。连接者可以由连词（如"所以""但是"）、副词（如"就""也""还"）、介词（如"鉴于""当"）体现。汉语中，真正与英语连词类似的是出现在第二个小句前的连词，如"所以""而且""但是"。

主从关系小句连结中，控制小句可有显示其主要地位的标记，如"就""才"等，如（10）；也可以前后小句都有连接词语①，如（11）。

(10) 你去，我就去。
(11) 虽然这种人在党内外都是极少数，但是应该重视他们的作用。（邢福义2001：302）

连词可以用来标记并列和主从关系小句复合体的次要小句（secondary clause），但分别是不同类的连词：从属小句可以用介词引导，但并列关系不可以。并列和主从都可以包括合用连词（correlative conjunctions），这时第二个连词标记首要小句（Halliday & Matthiessen 2004/2008：386）。英语中"although"与"but"不能前后搭配，Halliday & Matthiessen（2004/2008：407）认为是由于前者是从属连词而后者是并列连词，若搭配使用则出现"主从关系与并列关系混合（a mixture of hypotaxis and parataxis）"，因为并列连词"but"包含有"and"的语义

---

① 主从关系小句连结中搭配使用的连接词语如"虽然……但是……"等与这些连接词语单独使用的情况，和并列关系小句连结中合用连接词语如"既……又……"及其单用的情况，其间的差别是不同的，属于不同的语法现象。"虽然+小句1，但是+小句2"中，"虽然"标记了小句1的从属地位，"但是"后的小句2仍有语气选择，是主从关系小句连结，因而只用"虽然"，不用"但是"，该小句连结仍是主从关系。而"小句1，但是+小句2"中，两个小句都有语气选择，是并列关系小句连结；也就是说，"小句1，但是+小句2"与"虽然+小句1，但是+小句2"之间是处于并列与主从小句连结的连续统之中。而"既+小句1，又+小句2"与"小句1，又+小句2"是处于于并列小句连结与并列动词词组复合体的连续统之中，属于级阶单位之间的渐变体现。关于这一点的讨论，详见7.3.2.1小节。

特征；而"although"可以与"yet"搭配使用是因为"yet"没有并列的"and"在"yet"中，即"yet"不是并列连词。在笔者与 Halliday 的一次面谈中（2011 年 5 月），Halliday 同时认为"yet"是副词，而不是连词。但我们可以发现，Halliday & Matthiessen（2004/2008：386）在说明并列关系和主从关系使用合用的连接词语时，例举了并列连词与从属连词搭配使用的情况：

（12）If the majority say well we go then we're prepared to go with it.

（13）…because we're completely mobile so we have to take completely mobile communication.

如果说"yet""then"是副词不是连词，从而不会影响"并列连词与从属连词不能搭配"的观点成立，那么，例（13）"because"与"so"连用，就是这一说法的反例。而且，Halliday & Matthiessen（2004/2008：411 - 412）所陈列的增强扩展的主要连接标记表中，"yet""then"是表并列关系。这两方面事实说明，虽然"because"与"so"这种搭配出现的频率不及单用的高，但是至少说明一点，那就是并列连词与从属连词可以合用，这在汉语小句复合体中尤其突出。同时，我们认为，"although"不能与"but"前后搭配而可以与"yet"搭配的症结，如 Halliday & Matthiessen（2004/2008：407）所言，是因为"but"包含有"and"的语义特征而"yet"没有，是因为逻辑语义关系冲突的缘故，而不是配列关系冲突的缘故，说话人在前一小句使用"although"，预示了后一小句的转折，若后一小句所表达的命题顺承前一小句的语义，小句之间的逻辑语义关系则不成立，因而我们也不说"Although he tried hard, **and yet** he failed."。"but"中有"and"的语义特征，这是"although"不能与"but"前后搭配的根本所在，也就是说，是语义连贯的因素所致。结合汉语事实来看，我们可以说"**虽然**他人不错，**但是**太憨了点儿。""他人不错，**只是**太憨了点儿。"，却不说"∗**虽然**他人不错，**只是**太憨了点儿。""但是"和"只是""就是"都是表并列转折关系，其区别主要在于语义，"只是"表轻微的转折，在语义连贯上看，是承接前一命题，对前一命题进行补充说明。总而言之，并列关系和从属关系的连接词语是可以搭配使用的。

小句复合体主要是由于语言的逻辑功能所产生的，上面我们从逻辑功能出发，探讨了小句联结中并列关系与主从关系范畴，接下来我们描写与分析逻辑语义关系子系统。

5.4　逻辑语义关系子系统

扩展和投射是小句间的两种基本的逻辑语义关系，扩展是指一个小句以各种方式来扩充另一小句的意义，投射则是其中一个小句是语言的"再次组织（second order）"使用，即被投射小句的内容先前已作为表述出现过，是"表达的表达"（胡壮麟等 2005）。接下来，我们将结合配列关系对汉语小句复合体系统中的扩展与投射类型进行描写与分析。需要注意的是，配列关系与逻辑语义关系的搭配存在"盖然率"的问题（参见 Nesbitt & Plum 1988）。汉语小句复合体中，详述、延伸逻辑语义关系与并列关系共同出现的盖然率更高，而增强逻辑语义关系与主从关系搭配的盖然率占绝对优势。

5.4.1 扩展类型

汉语小句复合体扩展类型和英语一样,分为详述、延伸与增强三大类。详述是指同一事件的反复表述,继续小句往往是首要小句的同义置换,或者强调说明;延伸是指相关事件的联结表述,继续小句在首要小句的基础上继续添加新的信息来扩展语义内容;增强是指有时空、方式、原因条件等联系的两个事件的联结表述,其中一小句对另一小句在时空、方式、原因条件等方面进行环境性修饰。

5.4.1.1 详述扩展

详述的核心可以简要概述为同一事件的同义表述,比如用其他话语重新陈述,或者换一个角度加以阐释或限定,或提供具体例证,或加以评述(参见表 5-2)。Ouyang(1986)、Li(2007)认为汉语小句复合体的详述类只有并列关系,没有主从关系;我们认为,详述包括并列详述与主从详述。

表 5-2 详述次范畴及其意义

次范畴		意义
(Ⅰ)诠释	"用其他的话语"	P 换句话说 Q
(Ⅱ)例释	"例如"	P 例如 Q
(Ⅲ)阐释	"确切地说"	P 就是说 Q

5.4.1.1.1 并列详述

并列关系与详述语义的结合包括三个小类:诠释(exposition),例释(exemplification),阐释(clarification)。前两种小类可以看作是小句间的同位关系。

（1）诠释

所谓诠释，指的是继续小句对首要小句或其部分进行解释——用其他话语重新陈述，或者换一个角度加以阐释或限定，或者仅仅是进一步强调说明。继续小句是对前面整个首要小句或其一部分的解释，常用"这就是说""换句话说"等连接形式；书面语中可用冒号来直接表示。

(14) 文如其人，这就是说，什么样的人就写什么样的文章。（邢福义2001：185）
(15) 咱们家有项家规：生气不超过五分钟。（邵敬敏2001：253）

有时，没有显性的连接形式，是通过词汇—语义联系构成的。如：

(16) 以后的路只会越走越宽，不会越走越窄。（周斌、伍依兰2009：6）

或者，继续小句或多或少地通过词汇再现或同义词表述来解释首要小句。如：

(17) 我们有错误，错误是不尊重顾客。

除了重述、细化首要小句之外，还有一种情况是继续小句对首要小句做进一步强调说明。如：

(18) 你这时候提出撤资，不等于把他往绝路上送吗？

上面我们所说的并列诠释都是对首要小句进行肯定式的解释,并列诠释中继续小句还可以是以否定式来进行解释。

(19) 主张长线投资者在交易清淡时进场收购,并不是说,在交易开始清淡的时候,就可以立即买进。(CCL)

(2) 例释

例释,顾名思义,是指继续小句通过引用一个或多个具体的实例来发展首要小句的主题,使之更加详细、具体。汉语中典型的连接词语是用"例如"来关联,还有"比如""譬如""如"等等。

(20) 当然这样的作家也还不能说完全没有,例如:中国的新月派诸文学家以及所说的墨索里尼所宠爱的邓南遮便是。(鲁迅《对左翼作家联盟的意见》)

继续小句可以通过词汇衔接关系,如上下义关系、部分与整体关系或其他关系来对首要小句进行举例说明解释,如:

(21) 烈士们的尸体,保留着各种各样的姿势,有抱住敌人腰的,有抱住敌人头的,有掐住敌人脖子把敌人摁倒在地上的……(巍巍《谁是最可爱的人》)
(22) 惯于把梦当作人生的一部分来描写的,有两位大作家,一位叫冰心,一位叫巴金。

（3）阐释

阐释，是指继续小句通过一些解释或解释性的评论来支持、说明首要小句的观点，从而使首要小句更加明确。阐释常常包括两极的转化，即从肯定到否定或从否定到肯定；还可以是评价式评论。汉语中阐释常常没有显性的关联形式。

(23) 人都骂它是丑石，它真是丑得不能再丑的丑石了。（贾平凹《丑石》）

也有像"事实上""准确地说"等关联形式，这些关联形式后的小句多为解释性的，如：

(24) 公报中说，瑞士冰川的严重退缩与去年夏天当地的异常酷暑无关，因为冰川对气候变化的反应总是处于滞后状态，准确地说，是近年来全球气候持续变暖的趋势导致冰川退缩。(CCL)

表评价时，继续小句多是由表主观判断、带有个人感情色彩的形容词性的动词词组充当谓语的陈述小句，或是感叹语气小句，这些评价是对前面小句的归纳小结。如：

(25) "原谅"是儒家精神，"忘掉"是道家境界，两者都不容易。（邵敬敏 2001：253）
(26) 他们学习认真，工作努力，多么好的一群小伙子啊！

5.4.1.1.2 主从详述

主从详述是介绍话语背景信息、介绍人物,以及对控制小句某个方面做解释、进行评价的一种常见手段,是对主句的一种描述。和并列详述中的阐释一样,主从详述也可以以一种解释性的评论出现。

一般认为,汉语中没有限定成分(Finite),因而动词没有限定和非限定(non-finite)之分。主从详述的继续小句是对首要小句作描述性的补充说明,首要小句是说话人的句意所在,继续小句是从种种关系上去说明、限制首要小句。如:

(27) 盛放尸体的棺材里有个小孔,是用来透气的。(吴启主《现代汉语》)
(28) 公共的卫生间有两个水池,十户人家共用。(池莉《烦恼人生》)
(29) 我们也有了那么好的一间屋子,暖洋洋的。(王旭峰《筑草围城》)

如上述三个示例,继续小句是修饰、限制首要小句的参与者成分,一般情况下,可以移到这个参与者成分前,前移后就不再是小句复合体,而成为一个小句了。如:

(27a) 盛放尸体的棺材里有个用来透气的小孔。
(29a) 我们也有了那么好的暖洋洋的一间屋子。

这种形式常常出现在继续小句对首要小句做两次或两次以上的修饰。有学者认为是由于修饰语过长,都放在补语前,显得冗长,所以常常后置的缘故。我们认为是描写,这种描写手

法有如电影里的镜头特写,读者跟随作者的视角转换。如:

(30) 一转头,她看见了余洪水,风度翩翩的,还戴着时髦的帽子,抽着烟斗,俨然一个艺术家的样子。再看看姚静,优雅、美丽的妆容,正在看自己手上的首饰,整理着头发和项链,一副雍容华贵的模样,她开始憋了火气。(王丽萍《媳妇的美好时代》)

通过上文对详述扩展小句复合体的描写与分析,汉语详述扩展子系统构建如图 5-2 所示。

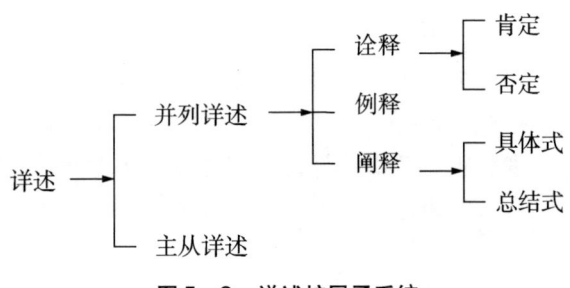

图 5-2 详述扩展子系统

5.4.1.2 延伸扩展

延伸是相关事件的联结表述,继续小句是在首要小句的语义基础上,从正面或反面增加新的语义内容,或交代其例外情况,或提供其他选择。根据添加的方式,延伸分为三个小类:添加(addition)、变异(variation)与选择(alternation)。汉语中,主要是并列延伸,主从延伸非常少见。Halliday & Matthiessen(2004/2008)的延伸范畴分类如表 5-3 所示。

表 5-3　延伸次范畴及其意义

次范畴	意义
（i）添加	
"and"：添加：肯定	X和Y
"nor"：添加：否定	不X也不Y
"but"：转折	X反而Y
（ii）变异	
"instead"：替换	不X却Y
"except"：减少	X但不是所有X
（iii）选择：或者	X或者Y

添加是指一个过程直接和另一个过程连在一起，二者之间没有原因或时间关系。Halliday（1994/2000）将添加分为肯定、否定和转折三类。在汉语中，没有"（neither…）nor…"对应的连接词语，否定添加一般是在肯定添加上直接使用否定副词"不"，如肯定添加连接词语"既……也……"的对应否定形式是"既不……也不……"。因而我们认为汉语添加扩展小句复合体不需要继续划分这个小类。结合汉语传统语法的分类，我们将添加分为平列、递进和转折三个小类。其中，递进是垂直方向的添加，是以某个事件为基点进行语义延伸。而平列、对举与转折可以看作是水平方向的语义延伸。平列添加与转折添加之间没有明显的界线（参见 Halliday & Matthiessen 2004/2008：408），对举添加位于两项之间，这三者在转折性的有无上呈现一个连续统。平列关系和转折关系各处两端：平列关系是平铺陈列，意义上没有转折，一般不用关联词语显示；转折关系表现意义的逆转，常用关联词语"但（是）"显现这种意义上的逆转性。而对举关系处于这两者的中间地带，

靠近平列关系这端，典型的连接形式是"而"，靠近转折关系这端多用"却"。

5.4.1.2.1 并列延伸

（1）添加

并列延伸的添加包括平列添加、递进、添加、对举添加和转折添加。

第一，平列添加。平列添加小句复合体中的各小句分别表述有联系的一些事情、几种情况或同一事物的几个方面。这种小句复合体可以不用连接形式，而常见的连接形式有"既……又/也……""……也……"等。如：

（31）赵汉中<u>既</u>是严师，<u>又</u>是慈母。（邢福义 2001：162）
（32）人比鱼高级，<u>也</u>比鱼复杂。（周斌、伍依兰 2009：3）

平列添加可以是肯定添加，如上述两例；也可以是否定添加，如：

（33）……那匹白马仍孤零零地呆立在原先的位置上，<u>既不</u>吃草，<u>也不</u>挪动。（邢福义 2001：165）

汉语中，肯定否定形式可以联结表达添加。如：

（34）她的服饰全部接近年龄的底线，<u>既不</u>到刺眼的程度，<u>又</u>显得年轻大方。（邢福义 2001：162）
（35）那种颤抖，<u>既</u>表现了惊愕不已，<u>又不</u>胜娇羞。（周斌、伍依兰 2009：5）

第5章 汉语小句复合体系统的描写与构建

诠释小类和添加小类小句复合体中的前后两个小句都可以分别是肯定、否定形式，但它们在意义表述上有所不同，即，是对同一意义的不同表述，还是添加了新的意义。前者为诠释，后者为添加。从例（34）和例（35）我们也可以看出，虽然前后小句分别为肯定、否定表达形式，但两个小句所表述的意义在情理上是相容的，展现的是事物或事件的两个不同的方面。

第二，递进添加。递进添加，是指继续小句在首要小句的基础上，从语义上对首要小句做进一步的添加，连接形式有"……更……""不但……而且""……而且"等。如果说平列添加是水平方向的添加，那么递进添加则是垂直方向的添加，是以某一点为基点，进而扩展的。例如：

(36) 她<u>不仅</u>需要钱，<u>更</u>需要一个精神支柱。（周斌、伍依兰 2009：10）

(37) 我<u>不但</u>保留了所有的来信，<u>而且</u>连一张小小的纸条等等微不足道的东西，我都精心保留起来。（同上）

递进添加还可以与推断句式联结表述，前一小句陈列程度较低或容易实现的现象并加以否定，后一小句由此推断出较之程度更高的或没那么容易实现的现象的不可能。后一小句常用"何况""更不用说"等来连接，多用反问语气，字里行间透出说话人对后一小句所述现象不言而喻的判断。如：

(38) 伊拉克百姓的自由与权力尚且难以得到保证，<u>何况</u>北美军抓住并投进监狱的战俘？（CCL）

(39) 见面<u>尚且</u>怕，<u>更不必说</u>敢有托付了。（鲁迅《为了

忘却的记念》）

第三，对举添加。对举添加是指继续小句从相对的方面提供与首要小句相应的其他信息。汉语中，对举类典型的连接成分是"而"，也常用"是……不是……"或"不是……而是……"等。如：

(40) 这里<u>是</u>大学校园，<u>不是</u>你们可以胡闹的场所！（邢福义 2001：185）
(41) 画像<u>不是</u>我的追求，<u>只是</u>我暂时谋生的一个手段，我的主要心思当然还得放在自己的创作上。（CCL）

对举添加中，常见的还有前后小句使用形成对比的反义词或临时性反义词语来关联的，这些小句复合体中的后续小句一般都可以添上"而"，往往也可添上"却"。如：

(42) 北方太<u>冷</u>，南方太<u>热</u>。（邢福义 2001：184）
(43) 前三十年<u>睡不醒</u>，后三十年<u>睡不着</u>。（朱斌、伍依兰 2009：7）

上述两种连接手段也可以同时出现，如：

(44) 他自己田里长出来的东西一天一天<u>不值钱</u>，而镇上的东西却一天一天<u>贵起来</u>。（朱斌、伍依兰 2009：39）

第四，转折添加。转折添加是指继续小句从相反的方面提供与首要小句相应的其他信息。汉语中，转折添加典型的连接成分是"但"，常用的关联词语还有"却""然而""不过""可（是）"等。如：

（45）针灸师知道乔乔会回来的，<u>但</u>没有想到她回来得这么快。（朱斌、伍依兰 2009：37）
（46）女人话里的辛辣味儿令她反感，<u>然而</u>不能说这些话没有一点道理。（朱斌、伍依兰 2009：37）

（2）变异

变异是指小句复合体中继续小句在进行意义延伸时，部分或全部地替代首要小句，可以分为替代性变异和减少性变异两种。

替代性变异常常包括极性的两极对比，以这种方式联结的小句，前面的小句往往是符合常规情理的否定表达，后面的小句则以肯定形式表述出人意料的事件，突出强调后续事件的预期与现实的反差。连接成分常常包括"反而""反倒""相反"等。如：

（47）本以为刘大维会对我有意见，谁知他并没有怪罪我的意思，<u>相反</u>还安慰我说，第一次拍电视没有赔本，已经算不错的了。（CCL）
（48）餐厅老板也不制止他，<u>反倒</u>趁着店内客人不多的时候，站在画家身后，专心地看着他画画。（CCL）

减少性变异在汉语里常常不需要连接词语来连接。如：

(49) 我们都吃过了，就你还没吃。

这里继续小句为首要小句所陈述的命题提供一个反例。

(3) 选择

选择，即提供一个或多个选择，体现为一个小句作为另一个小句的选择项呈现，由表选择关系的关联词语关联起来，一个小句作为另一个小句的选择项呈现，选择分为任选和限选。任选是陈列几个选择项目，或者是数者任选其一，如：

(50) 究竟<u>是</u>一个党好，<u>还是</u>几个党好？（《毛泽东选集》）
(51) 当时上海的报章都不敢载这件事，<u>或者</u>也许是不愿，<u>或者</u>不屑载这件事。（鲁迅《为了忘却的记念》）

限选是数者必选其一，如：

(52) <u>不是</u>东风压倒西风，<u>就是</u>西风压倒东风。（曹雪芹《红楼梦》）
(53) 都市中那些层出不穷的高级卫生巾等用品<u>要么</u>在农村买不到，<u>要么</u>没钱，<u>要么</u>不习惯。（CCL）

5.4.1.2.2 主从延伸

英语中，相对于并列延伸而言，主从延伸很少；汉语中，主从延伸更是少见。主从关系的减少性变异常用的关联形式是"除了"，如：

(54) 除了你还没吃，我们都吃过了。

(55) 上午除了写了两封信，什么也没干。（吕叔湘等 1995：126）

选择延伸是主从关系时，说话人已有选择倾向性。根据取舍的先后，分为先舍后取和先取后舍。如：

(56) 天气这么好，与其待在家里，不如出去走走。（吕叔湘等 1995：637）
(57) a. 作为母亲，宁可自己吃苦受累，也不委屈孩子。（吕叔湘等 1995：418–419）
　　 b. 三年困难时期，他们宁可自己挨饿，把省下的口粮留给向红。（邢福义 2001：472）
　　 c. 我宁可死了，也要娶她。（邢福义 2001：471）

我们认为，这种主从选择不是单纯性的选择语义关系。表先舍后取的"与其……不如……"说话人将选择项进行比较，选择其中较好的一项，"不如"表达的是建议，先说已有预设的命题，再提出自己的建议，语气比较委婉。而表先取后舍的"宁可……也不……"有强烈的主观倾向，选取项并不是常理下如意的选择，甚至是极端的情况，从而表述选择的坚定决心。邢福义（2001：471）将这类处理为"心理上意志上的让步"，归为转折类。我们认为有让步的意味，但总体上是属于选择语义关系。同时还要一分为二地看，当选取项中的命题是真实的，如上例（57a），或越接近于符合社会常规现象的，如例（57b），选择语义关系越突出。相反，选取项是假言命题，或是说两个可供选项在社会常规上看没有联系，表达的是隐喻式的选择语义关系，如（57c），不是说话人选择"死"，而是用夸张的选择来表达"娶她"的强烈决心，体现的是高值意态，这时人际意义更为凸显。

延伸扩展子系统构建如图5-3所示。

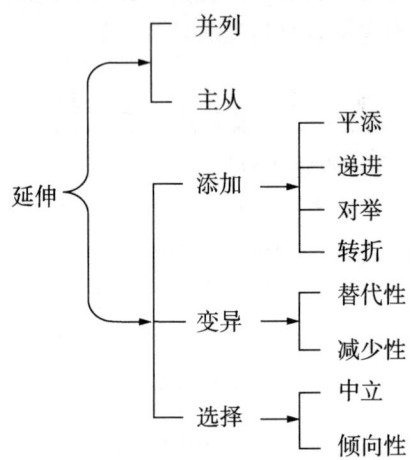

图5-3 延伸扩展子系统

5.4.1.3 增强扩展

增强，是指存在时空、方式、原因条件等联系的事件的联结表述。在增强小句复合体中，一个小句通过参照时间、地点、方式、原因、条件等环境成分，从语义内容上进行修饰或限制，从而增强另一小句的意义。Halliday（1994/2000）将增强分为时间、空间、方式、原因—条件四大类，让步从属于原因条件下的一个子类，见表5-4；Martin（1992/2004：198）则将表目的、条件、结果、让步与方式的小句复合体都归入结果性小句复合体，并且认为让步关系不是与方式、结果、条件和目的关系平行存在的第五个表结果的语义范畴，而是统跨这些语义关系的，也就是Longacre所说的容认（frustration）。结合 Halliday 和 Martin 的观点，根据小句复合体中前后小句的逻辑语义关系，增强类型分为时间、空间、方式和原因—条件四大类，让步关系是与原因—条件关系平行存在的语义范畴，也就是说，有无让步关系这一对选择项与原因或条件这一对选择项同时进入原因条件小句复合体的子系统。

表5-4 增强次范畴及其意义（Halliday 1994/2010，彭宣维等译）

次范畴	意义
（i）时间	
同时	A同时B
不同时：之后	A然后B
不同时：之前	A之前B
（ii）空间	
相同地点	C同地D
（iii）方式	
手段	N借助或通过M
比较	N像M
（iv）原因—条件	
原因：理由	因P而得到结果Q
原因：目的	因意图Q而得行为P
条件：肯定	如果P那么Q
条件：否定	如果没有P那么Q
条件：让步	如果P那么得出跟预期相反的结果Q

5.4.1.3.1 并列增强

（1）时间

时间小句复合体的各个小句之间存在着时间关系，根据时间的先后，分为同时和异时（之前或之后）。

第一，表示同时关系。常用的连接成分有"一边……一边……""一面……一面……"等。如：

(58) 他<u>一面</u>揉着那叫人心疼的圆眼睛,<u>一面</u>吃东西。(朱斌、伍依兰 2009:3)

第二,表示"之前"。如:

(59) 天还没亮,他已经全收拾好了。

第三,表示"之后"。常见的连接成分有"然后""接着"等。如:

(60) 他叹了一口气,<u>然后</u>,头也不回地走了。
(61) 他敲了敲铁门,<u>接着</u>又敲了敲窗户。(邵敬敏 2007:100)

(2) 处所

(62) 我就住在圆明园,<u>那儿有个画家村</u>,我刚来,还没进入那个圈子。(CCL)
(63) 我生在一个小山村,<u>那里有我的父老乡亲</u>。(《父老乡亲》歌词)

(3) 方式

方式包括"手段"和"比较"。表示手段的,例如:

(64) 他今天去赌馆,明天上妓院,<u>就这样</u>把老地主留下的钱花得干干净净。(Ouyang 1986:69)

下面例（65）则表示比较：

(65) 这件事你做不好，他<u>也一样</u>做不好。

(4) 原因—条件

原因—条件增强包括原因增强和条件增强，原因与条件之间联系非常紧密（Halliday & Hasan 1976），所以归为一类。汉语中也是如此，如邢福义（2001）也将条件归入因果复句这一大类。条件增强小句复合体基本上是主从关系的，下一节我们再讨论。我们先看原因增强类。

表原因的小句复合体包括因果、目的和推断三类。因果小句复合体，首要小句所叙述行为或事件是起因，继续小句说明首要小句所叙述行为或事件的结果，也可以是首要小句先说结果，继续小句解释说明原因。

先因后果：

(66) a. 身上的枷锁砸掉了，身心都感到异常的欢悦。（季羡林《牛棚杂议》）
   b. 知识的海洋是无穷无尽的，因此，学习是无止境的。（黄伯荣、廖序东 2002：170）
   c. 钟声是在万物寂寥的时候响起，所以听得格外真切。

先果后因：

(67) a. 他满手是泥，原来他便是用这手走来的。（鲁迅《孔乙己》）

b. 不要给父亲寄拐杖了,因为父亲身边有我。

一些连接词语一般而言是表达从属地位的,如"when""because""though",但当它们所引导的增强扩展小句在首要小句之后的位置时往往看上去更像是并列关系(Halliday & Matthiessen 2004/2008:415), Thompson (2004/2008:202) 则直接处理为并列关系。例(67b) 我们归为并列关系,还有一层原因。Halliday & Hasan (1976) 区分了外在的(external) 原因和内在的(internal) 原因,外在的原因是经验意义的,是以内容呈现的意义之间的关系,即我们的外部现实(external reality) 经验之间的联系;而原因也可以来自说话人本身的一定程度的解释,这便是内在的原因,是说话人就当前话语情形赋予的人际意义原因,即是关于说话人言语功能角色和修辞方式、态度、评价等方面的选择。黎锦熙(1924/1992)注意到这类现象。"你听我的话简直没有明白,何以见得呢?因为你答我的话没有一句对题",他将"何以见得呢"处理为"询问式的表因连词语",用来"考究语意"(217页),与 Halliday & Hasan 所说的内在原因相似。对于这类人际原因小句,Wang (2006)、宋作艳和陶红印(2008)等从话语分析的角度进行了探讨,他们的分析都可以归纳为是说话人积极话语合作的缘故。宋作艳和陶红印(2008)指出,汉语中的后置"因为"出现在"非预期或非偏爱的语境中,用于消除负面因素使谈话得以顺利进行",也可出现在"预期的或偏爱的语境中,积极地推进交流"(67页),并观察到书面语篇中的原因小句常常是在有否定、情态、对比与比较、强烈的表达或/和请求或建议的小句后出现。后置原因小句常常表达内在人际原因,除了宋、陶提到的这些人际参数,还有一点,那就是言语

功能角色选择,如:

(68) 我可不可以参加遗体告别?因为我没有接到通知。①(CCL)

上例中,继续小句是对首要小句所表达的提问的这个言语行为做出解释,即,"我这么问的原因是……",而不是针对首要小句所表达的命题内容进行解释;即是 Halliday & Hasan 所说的内在的原因,是从人际意义方面来关联。这类原因小句本身有交际互动的意义,所以我们处理为并列关系。

目的小句复合体是指为了某种目的而采取某种行动,这种目的可以是说话人希望出现的,也可以是说话人主观愿望上所避免的。如:

(69) 你把手伸出来,我好给你把脉。

推断小句复合体,继续小句提出理由或根据,首要小句是从理由或根据推出的结论。如:

(70) a. 蜻蜓飞得很低,很快要下大雨了。
b. 她最近心情不好,可能是和朋友吵架了。

---

① 一般而言,书面语篇中的小句复合体可以依据句号、问号、感叹号等标点符号来确定,但并不是绝对。本例这种情况我们视为是一个小句复合体。

5.4.1.3.2 主从增强

（1）时间

时间包括时间点、时间段和伴随三种情形。常见的表示时间点的关联成分有"刚……，就……""一……，就……""当"等。如：

(71) 刚一搭话，刘大头就哭起来……（邢福义 2001：267）

(72) 当她看到崔秀玉和白莉萍都哭了，她忍不住走到白莉萍身边，看着他们，想说什么又说不出来。（张斌《现代汉语虚词词典》）

下面例（73）、例（74）表示时间段，例（75）、例（76）表示伴随过程：

(73) 从你一过门，我就没对你笑过。（邢福义 2001：275）

(74) 你住多久，我就照顾你多久。

(75) 每当我走过这间咖啡屋，我的心情不由地轻松起来。

(76) 随着小熊日渐长大，他成为了一名精明的猎手。（CCL）

（2）比较

典型的表示"比较"的关联成分是"像""好像""正如"等。这需要与详述中的例释区分开来，例释是举出具体的实例来支撑首要小句的主题，而比较是拿两种事物或两个事件类比。例如：

(77) 校长先生立刻感到这件公务并不怎么轻松，仿佛有条拖泥带水的长鞭抽了过来。

(78) 叶子出水很高，像亭亭的舞女的裙。（朱自清《荷塘月色》）

（3）原因—条件

如前所述，这一类型的增强包括原因增强和条件增强。其中，原因增强包括因果小句、目的小句和推断小句。

第一，因果小句复合体常见的连接成分有合用的，如"因为……所以……""之所以……是因为……"等，单用的有"因为""由于"等。根据因果出现的顺序，分为由因及果和由果溯因两类。

先因后果：

(79) 因为他想跟苦三儿说说话的心情越来越急切，所以送饭的间隔也越来越短了。（邢福义 2001：58）

先果后因：

(80) 我之所以会吃惊，是因为会在北京遇见他，更没想到他来北京的目的是寻找我。（CCL）

对于后果不好的情况或说话人所不希望的结果，常用"以致""致使""弄得"等关联，可独立称为结果小句复合体，这类的小句排序为 α∧β，如：

(81) 他不住地在楼板上踱来踱去，<u>以致</u>看门的王老头好几次不放心地上楼来……（邢福义 2001：67）

(82) 平时要养成定时、定量进食的习惯，<u>以免</u>把胃撑得太大，使胃的蠕动和胃液的分泌功能失常，造成消化不良。（CCL）

第二，主从目的小句复合体常用"为了"引导，如：

(83) <u>为了</u>省钱，她和亚铭一起在市郊租了一间很简陋的平房。（CCL）

(84) 我必须想办法先挣点钱，<u>以便</u>能够在北京待下去。（CCL）

第三，推断小句复合体常用"既然……就……"等引导。如：

(85) <u>既然</u>你这么仗义，我也不能无情。（朱斌、伍依兰 2009：23）

条件增强分为让步的与非让步的两类，非让步的条件又可以继续分为假设条件、特定条件、周遍性条件、倚变条件。

第一种非让步条件：假设。提出某种假设，继而得出某种结果，常用"如果……就……"来连接。如：

(86) <u>如果</u>没有丰富的知识，<u>就</u>不可能有丰富的联想。（邢福义 2001：84）

(87) <u>万一</u>他也去，你<u>就</u>尴尬了。

(88) 没有吴主任，也就没有我的今天……

第二种非让步条件：特定。特定条件包括充足条件和必要条件两个次类。充足条件是指有这个条件就会有相应的结果；没有这个条件，也不一定没有这个结果，常用"只要……就……"来连接。必要条件是指必不可少的条件，有了这个条件才会有相应的结果，没有这个条件就不会有这个结果，多用"只有……才……"。如：

(89) 只要一低头，就能瞧见她。（邢福义 2001：282）
(90) 除非你给我二百元，我才肯冒这个险。（CCL）

第三种非让步条件：周遍性。表示排除一切条件，即在任何条件下都会产生相应的结果。如：

(91) 无论你怎样劝说做思想工作，他也不会改主意。

第四种非让步条件：倚变。如：

(92) 年龄越大，记性越差。

让步条件，多用"即使……也……"等表示，如：

(93) a. 即使你烧成了灰，我照样可以认得出来。（邢福义 2001：469）
　　 b. 宝石哪怕混在垃圾堆里，也仍然晶莹夺目。（黄伯荣、廖序东 2002：169）

让步语义还可以与转折语义前后搭配构成让转关系的小句复合体，让转关系典型的连接词语是"虽然……（但是）……"，如：

(94) 虽然，黑夜笼罩着他，但我仍看到了他脸上的忧伤。（邢福义 2001：302）

总体来说，让步语义与人际意义紧密关联，使用让步关系，话语中或多或少地带有说话人自身的主观态度。让转关系与转折添加有相同之处，即都可以表达命题之间的逆转；不同之处在于，让转关系的小句之间的逻辑语义基础是原因增强，而转折添加的逻辑语义基础是延伸，从而单纯表转折添加的"但（是）"的首要小句中不能用"虽然"，如：

(95) a. 今后你就和妈妈一起活吧，但会活得很苦很难的。（邢福义 2001：306）
b. 邮差是信使，但真正快乐的天使是她。（邢福义 2001：291）

同时，上文我们也提到，让步语义是表达强烈的主观态度的语义范畴，也可以用来表述对既定事实无奈接受的现象，如：

(96) 既然上帝不赏脸，只有不在乎这个了。（邢福义 2001：72）

这也说明，同一种逻辑语义关系可以由不同的连接词语来标示，而相同的连接词语又可以用来体现不同的逻辑语义关系，这是由于使用语言的人处于不断进化的、错综复杂的生态社会环境之中，语言所表述的经验现象本身繁复。这从根本上决定了语义范畴之间的不确定性，进而通过语法体现出来。与此同时，人类的经验现象是彼此关联的，语义作为经验的识解，这决定了成人语言中的逻辑关系是自然逻辑（natural logic），而小句作为最基本的表述经验和交际互动单位，重复构成动态的小句复合体，小句与小句之间的逻辑语义关系从某种程度上反映出经验现象的错综复杂。换句话说，语言的逻辑语义关系也非常复杂。在这里，我们关注的是小句之间的典型逻辑语义范畴，而不涉及逻辑语义范畴之间的不确定性分析。

增强扩展子系统图示如下（图5-4）：

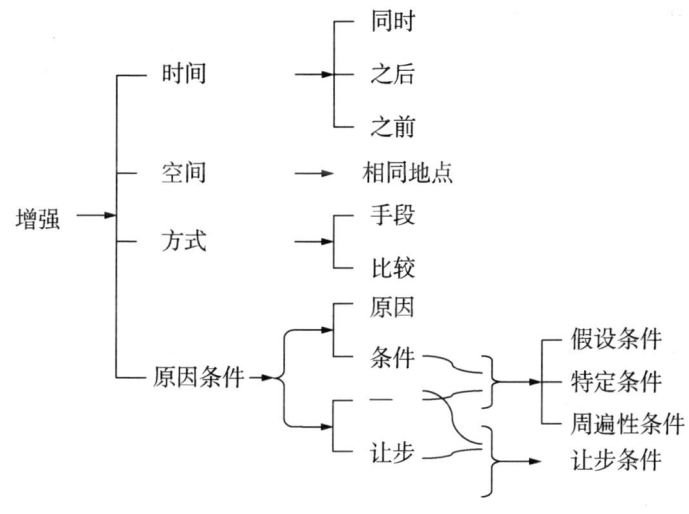

图5-4 增强扩展子系统

5.4.2 投射类型

投射是对语言现象的再表述，被投射的小句可以是"话语",也可以是"观点"。小句复合体层面上的投射分为五类：①引用；②报道；③报道言语，引用思想；④投射提供和要求；⑤自由间接引语。我们从并列和主从两大方面来说明。

5.4.2.1　并列投射

(1) 引用话语（命题）：言语过程。如：

(97) 他说："人民是最公正的裁判。谁为人民做了好事，人民不会忘记；谁在人民面前犯了罪，人民也绝不会饶恕。"（CCL）

(2) 引用思想（命题）：心理过程。如：

(98) 毕业于日本国际语言学院专修日语4年的李晓华听得异常清楚，心里暗想，"只有傻子才认为别人是傻子"。（CCL）

(3) 引用提供（提议）。如：

(99) （"好吧，"）我说，"我来做。"（CCL）

(4) 引用要求（提议）。如：

(100) 毛泽东当即对彭德怀说："我们打退敌人，不能把敌人带进根据地。"（CCL）

需要说明的一点是，自由间接引语也归入并列投射。

5.4.2.2 主从投射

(1) 报道言语(命题):言语过程。如:

(101)(张国焘逼朱德反对毛泽东,)朱德警告说,党是一个整体,不能搞分裂。(CCL)

(2) 报道思想(命题):心理过程。如:

(102) 我心中暗想,今天的面试八成要砸锅。(CCL)

(3) 报道提供(提议)。如:

(103) 京华小学校方还许诺,学生毕业时能用英语进行日常对话,熟练地操作电脑,并在体育、音乐、美术、舞蹈、棋艺等方面有两种以上的擅长。(CCL)

(4) 报道要求(提议)。如:

(104) N,早就这不是我爷爷那一代,就在蓝旗住,后来他要求调到这儿来,N,就调到海淀区正蓝旗这儿。(CCL)

5.5 递归性子系统

小句复合体是递归性的。小句可以不止一次地重复构成小句复合体，可以在小句复合体系统网络中进行多次选择，形成关系复杂的小句复合体。小句复合体与小句的不同在于小句是结构性的，我们说一个小句时需要考虑成分与成分之间的搭配关系，而人们日常交际过程中往往无须有意识地去组织小句构成小句复合体，而是自然而然地使用小句线性递归成复合体，因而可以说小句是静态性的，而小句复合体是动态性的（dynamic）（参见 Matthiessen 1988，2002；Eggins 2004）。小句可以不止一次地重复构成小句复合体，在小句复合体系统网络中进行多次选择，形成关系复杂的多层次的小句复合体。这些小句复合体可以包括不同的相互依赖关系类型，或有多种的逻辑语义关系，或两者兼有之。如：

(105)   ×β   第四季度开始，
    1   α   陶陶注意到公司上下的空气有些不一样，
   =2   1   加班的人多了，
      +2   聊的人少了，
      +3   同事们脸上的笑容更少了。(《了不起的小助理：汪淘淘 500 强蜕变记》，《长沙晚报》连载)

在这个并列扩展小句复合体中，构成并列详述关系的起始小句和继续小句分别由两个"子小句复合体（sub-complex）"（Halliday & Matthiessen 2004/2008）构成，起始小句内部可以继续划分出主从时间增强关系的两个小句，而继续小句是由三个并列的延伸小句构成。又如：

(106)　　1　　　Jack 说：
　　　　"2　1　　"短期内可以利用品牌和渠道的优势尽量打压，
　　　+2ˣβ　　　但如果公司不能推出性价比更高的新产品，
　　　　α　　　恐怕后果严重。"（同上）

这个并列投射小句复合体中，投射句"Jack 说"投射一个由三个小句构成的子小句复合体，而这个子小句复合体本身又可划分出两个层次，先是并列延伸扩展关系，进而其中的继续小句内部又包含着主从增强扩展关系。

5.6　小　结

本章基于 Halliday & Matthiessen（2004/2008）对小句复合体的逻辑关系分析，对汉语小句复合体系统进行描写分析。与前人研究比较，我们可以发现，Halliday 的小句复合体分类与传统汉语复句的"二分法"有一个共同点，即，都将小句复合体分成并列（联合）与主从（偏正）两种关系；然而，Halliday 的处理与"二分法"的联合、偏正有着本质的区别。"二分法"是简单地将各个语义类型分派于联合和偏正两大类，而 Halliday 是将各种逻辑语义类型和两种相互关系类型交叉考查，不仅注重语义关系，还注重其语法体现的差别，这使得小句复合体分类更加精细。正如胡壮麟（1999：279）所说，Halliday 的小句复合体模式把语法功能与语义功能有机地结合起来，其中的相互关系高度概括了传统英语语法中的并列关系和从属关系，逻辑语义关系则高度概括了语篇中常见的语义功能关系，与传统语法相比较，这是一个重要的突破。

第 6 章　配列关系的类型划分

6.1　引　言

上一章我们从整体上对汉语小句复合体系统进行了概况性的系统功能语言学分析，接下来我们主要关注小句间的相互依赖关系。随着汉语复句研究的发展，近年来汉语语法学界对汉语复句中的各小句之间有没有主从与并列之分存在很大分歧。目前对复句现象的研究概括来看，分为句法层面和语义层面的研究，即从句法关系上看小句之间的语法关联，或者从语义入手分析小句之间的语义类型。主张没有并列和主从之分的，其着眼点集中到小句之间的语义关系上；而从句法角度入手的，则认为小句复合现象中存在并列与主从关系的区分（参见 Halliday & Matthiessen 1999；Thompson, Longacre & Hwang 2007；胡壮麟 1990/2008；Chen 1980；Ouyang 1986；Eifring 1995；Fu 1996；Li 2007；等等）。本书建立在赞同汉语小句复合体有并列和主从之分的基础之上。

本章我们集中探讨小句间的相互依赖关系，先从人际功能的角度对并列关系和主从关系进行区分，进而结合经验功能和语篇功能对并列关系和主从关系进行进一步区分，最终为小句间的相互依赖关系区分提供系统功能语言学解释。

6.2 并列与主从的人际意义区分

关于并列关系小句复合体和主从关系小句复合体的区分，前人有诸多研究，如词序、语义重心、小句间的平等与否等等，2.4小节已进行了相关的陈述，这里不再重复。然而，这些基本上都是基于并列关系和主从关系的逻辑特征本身而作的概括性的区分，而并未触及其背后的原因。当我们说并列关系下两个小句之间是平等的，而主从关系下的两个小句又有主次之分，归根结底是什么因素决定小句地位（clause status）平等或有主次之分？我们认为，人际功能是主导力量，语气则是根本标准。

6.2.1 语气作为根本标准

根据系统功能语言学，语言的人际功能是指人们借助语言来建立和维持社会关系，通过承担或被指派某种言语角色，在言语交际中与他人互动，是一种"行事（act）"的功能。Halliday根据说话人在互动过程中承担的言语角色与交换商品性质概括出陈述、提供、提问或命令四种言语功能。说话人给予听话人信息，是陈述言语功能，如："他给我沏了杯茶。"说话人向听话人索求信息，属于提问言语功能，如："你喜欢喝什么茶？"说话人给予听话人物品或服务，是提供，如："我给你沏杯茶吧。"说话人向听话人索求物品或服务，则是命令言语功能,如:"沏杯茶给我。"不同的言语功能体现为不同的语气,一致式的情况下,提供不拘于具体一种语气体现,陈述命题由陈述语气体现,命令典型地由祈使语气体现,提问命题由疑问语气体现,见图6-1。

言语功能范畴	╲ 语气范畴
提供	(不同语气)
陈述	陈述语气
命令	祈使语气
提问	疑问语气

图6-1 言语功能及其语气体现

Halliday构建言语功能系统和语气系统是出于不同的描写类型需求。语言功能的语义网络聚焦于言语情境和语法,而语气系统的语法网络则侧重于语义和语法结构输出(Martin 1996:36)。本书主要是对汉语小句复合体的词汇语法描写,因而,我们主要从语气入手来探讨。

根据语气的有无,Halliday(1994/2000)将小句分为独立小句、依赖小句和嵌入小句。每一个独立小句都可以选择语气,根据小句是否呈现语气和剩余成分的内部结构,独立小句又分为整句和零句。整句有不同的语气结构来体现不同的言语功能,如,直陈语气系统下,为陈述语气时主语在限定语前,为是非疑问语气时,主语在限定语之后,为特殊疑问句时,若疑问词充当主语,主语在限定语之前,否则在其之后。根据语气结构是否省略,整句分为完整小句和省略小句。零句体现感叹、呼叫、打招呼和警示这些次要言语功能;从语法上看,这些零句游离于名词词组和小句之间,大部分都不需要分析或没有内在语法结构，从而区别于省略小句。省略小句本身有语气和剩余成分结构，在特定的语境下隐省了某个成分，这个成分可以根据上下文补出；而零句有强烈的情景语境依赖性，很多情况下难以补出或不需要某一具体成分。一部分表感叹和警示的零句可以与整句构成小句复合体。Matthiessen（1995）同样也根据语气的有无将小句区分为自由小句和约束小句，自由小句相当于 Halliday 所说的独立小句，有不同的语气选择；约束小句则包括依赖小句和嵌入小句，二者都没有语气的选择，有点类似于陈述语气，但不是真正的陈述语气，不能用附加问句来检测。综合以上观点，我们归纳出语气标准下的小句分类如图 6-2 所示。

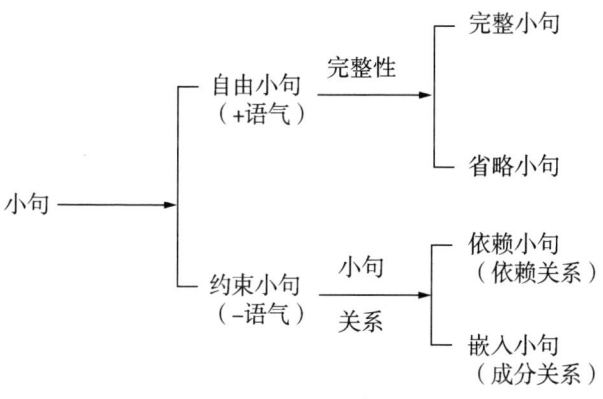

图 6-2　小句系统

从以上陈述中我们也可以看出，有无语气是区分自由小句和依赖小句的根本所在。Eggins（2004：266）明确指出，要区分两个小句构成的小句复合体是并列关系还是主从关系类型，要看小句的语气结构。Verstraete（2007）则根据 Halliday 的人际功能，并结合其他功能学派相关的理论，采用言语功能、情态与语气范围三个参数结合的方法，对小句复合现象中的并列与主从区分进行了人际语法（interpersonal grammar）类型学探讨，其中，并列关系和主从关系的区分标准是看两个小句是否都有不同的言语功能，并对此在日耳曼语系范围内进行了类型学研究。而根据 Matthiessen（1995），两个小句构成的并列关系小句复合体中，这两个小句要么同是自由小句，要么同是依赖（约束）小句。同是依赖小句时，两个小句必须是相同的逻辑语义类型。而主从关系小句复合体中，次要小句一定是依赖小句，首要小句是自由小句或是依赖（约束）小句，而首要小句的地位不是由配列关系所决定。之所以这么说，是因为小句复合体可以和其他小句再连接成为更大的小句复合体，即可能充当这个更大的小句复合体的从属小句。小句复合体也可以发生级转移，成为嵌入成分。Matthiessen（1995）也考虑了这两种情况，而本书主要探讨两种配列关系的区分，因而只考虑两个小句连接成独立的小句复合体的情况。也就是说，当两个小句都有语气，小句之间是并列关系；而当首要小句有语气、次要小句没有语气时，是主从关系，没有其他附加条件；而当首要小句和次要小句都是依赖小句时，有可能是并列关系或是主从关系，但条件不同，关于这一点我们下文进一步探讨。因而，我们可以说，两个小句是否都有语气是区分并列关系和主从关系的可行标准，如表6-1所示：

表6-1 小句地位与语气的关系

	首要小句	次要小句
并列关系	自由小句 ［+语气］	自由小句 ［+语气］

续表 6-1

	首要小句	次要小句
主从关系	自由小句 ［+语气］	依赖小句 ［-语气］

小句复合体可以由两个或多个小句连接构成，本书主要考虑两个小句构成的小句复合体，即 Halliday（1994/2000）所说的小句连结。语气作为划分的标准，即是说，在并列关系连接而成的小句复合体中，首要小句和次要小句同时都有语气选择；而主在从关系下的小句复合体中，首要小句有语气选择，次要小句没有语气选择。接下来，我们根据语气标准来区分汉语小句复合现象中两个小句之间的并列关系和主从关系。

6.2.2 汉语语气系统

汉语的语气体现与英语有所不同，它不是通过主语和限定成分的语序来体现，而主要是通过语调、选择性的句末语气词以及疑问词和主语的出现与否来呈现（张德禄 2009）。陈述语气没有特定的语气词，一致式的情况下，为降调；疑问语气可由语气词"吗"来体现[①]，语调一般为升调；祈使语气主要体现为主语缺省，或有语气词"吧"，语调为降调。综合来看，如表 6-2 所示：

[①] 语法学界对"吗"是疑问语气词持一致意见，同时，一般认为"呢"也可以表示疑问语气，但也有学者不赞成这种观点。为了使我们的分析更合理，我们采用疑问语气词"吗"。

表6-2 汉语语气体现

	主语省略	语气词	语调
陈述语气	-	-	降调
疑问语气	-	吗	升调
祈使语气	+	吧	降调

汉语中，主语省略现象普遍，判断语气的标准主要落在语调和语气词上面。从表6-2可以看出，疑问语气在语气词和语调两方面都区别于陈述语气和祈使语气，结合层次的观点来看，语调属于语音手段，语气词则属于词汇语法手段，也就是说，疑问语气在语音层与词汇语法层的具体体现都有不同于陈述语气与祈使语气的对立特征。与此同时，从语义层的角度来看，一致式的情况下，疑问语气所体现的言语功能与陈述语气所体现的言语功能也呈现对立特征，疑问语气体现索求信息命题，而陈述语气体现给予信息命题。由此可见，我们可以通过变换成疑问语气来检测小句是否具有语气选择。

汉语疑问语气可以分为特指问（element interrogative）和是非问（polar interrogative）。特指问的语义功能是"表达对事情的某一部分的疑问"（李淑静、胡壮麟1990/2008：86），用名词性的或副词性的疑问词来体现所要提问的内容，所提问的内容很宽泛，可以是问人或事物、情状或方式、数量或程度、时间或处所、原因或目的，等等，相应的疑问词有"谁""什么""怎么样""多少""几点""哪里""为什么"等。是非问的语义功能则是对事件肯定或否定的极性提问，根据其表现形式分为偏指问和中立问两类。偏指问是在陈述小句的基础上添加句末语气词"吗"，该陈述本身有极性的选择，即说话人做一个肯定的或否定的陈述然后再对其进行确认，如"你冷/不冷吗?"。中立问则是一个"开放性的提问（open question)"，没有说话人设立的出发点（built-in point of departure）（Halliday & McDonald 2004：335），体现形式是小句中动词性词组的第一个成分的重复形式中用一个否定词，即"V－不/没－V"形式，如"你去不去?"。

由于特指问中的疑问词所体现的语义小类宽泛，并且通常与小句某个句法成分（主语、谓语、补语或状语）重合，而且，疑问词的功能是使提问者所希望得以呈现的实体具体化（参见 Halliday 1994/2000），是对某一具体内容的提问，回答的内容需要视具体情况而定，不如是非问概括性强。汉语中，偏指问在词汇语法层和语音层有区别于其他疑问句的一般体现形式，即句末疑问语气词"吗"的使用和语调变换为升调，类似于英语中的附加陈述疑问句，因而我们主要通过是非疑问中的偏指问来进行检测。

需要说明的是，言语功能类别与语气类型之间并不是完全对应的，而在疑问语气方面有一致式和隐喻式两类。当疑问语气体现提问功能，疑问语气小句是一致式的；而当疑问语气体现陈述或命令言语功能，则是隐喻式。汉语中，反问句是陈述或命令言语功能的隐喻式表达。关于隐喻式表述，我们不进一步阐释，只需要确定反问句能体现言语功能，是疑问语气的一种形式。

6.2.3 并列与主从的初步划分

6.2.3.1 并列：自由小句与自由小句的连接

上文已经介绍过，并列关系的两个小句都有语气选择。汉

语中,两个小句连接成并列关系的小句复合体一般不需要连接词语而直接联结,即意合法,前后小句的语气类型可以自由选择。如:

(1) a. 他还能闻到妻子发梢发出的淡淡清香,那是多么熟悉而又令人陶醉的芬芳啊。(朱斌、伍依兰 2009:131)
   b. 先别说这个了,您现在能抽空跟我一起去瞧瞧吗?
   c. 我在这儿等着,你去叫车吧。(朱斌、伍依兰 2009:121)
   d. 你瞧,这色泽多鲜明,形状多整齐呀!(朱斌、伍依兰 2009:22)
   e. 老太婆的眼睛真是好看啊,目光中还有一点得意。(朱斌、伍依兰 2009:181)
   f. 有个长脖子真是太好了,兔子,你能想象吗?(朱斌、伍依兰 2009:187)

(1a)是陈述语气小句和感叹语气小句的联结;(1b)是祈使语气小句和疑问语气小句的联结;(1c)是陈述语气小句和祈使语气小句的联结;(1d)是感叹语气小句和感叹语气小句的联结;(1e)是感叹语气小句和陈述语气小句的联结;(1f)是感叹语气小句和疑问语气小句的联结。由此可见,语气也是小句连接成小句复合体的重要手段之一。

汉语中,也有一些连词将小句关联成小句复合体,这些连词关联的两个小句都有语气选择,如"而且""要么""但(是)""否则""所以"等。如:

(2) a. 你不能做面膜，而且你皮肤容易敏感不是吗？（朱斌、伍依兰 2009：170）

b. 要么把我排第一，要么干脆别排！（邢福义 2001：260）

c. 说起来也算是拿得起放得下跟得上时代潮流的女性，但骨子里那份儿对家、对节的依恋还不是剪不断理还乱？（朱斌、伍依兰 2009：115）

d. 我当然有这些冲动，否则还是男子汉？（朱斌、伍依兰 2009：120）

e. 她不愿意我伴她到目的地，所以趁此雨已停住的时候要辞别我吗？（朱斌、伍依兰 2009：109）

副词也可以用来关联的并列关系的小句，前后小句都有语气选择，连接副词主要有"也""又"，如：

(3) a. 你去北京参观访问，我们也去北京参观访问。（吕叔湘等 1990：595）

b. 你去北京参观访问，我们也去北京参观访问吗？

(4) a. 昨天你来了，今天你又来了。（吕叔湘等 1990：596）

b. 昨天你来了，今天怎么你又来了？

与英语相比较而言，汉语中典型的并列关系小句复合体是通过并置结构、语气、句式等手段来直接语义关联，没有与"and"对等的并列关系连词，表并列关系的连词也不多，主要有"而且""要么"和"但（表对比）"；而"否则""所以""但是（表转折）"这类连词不是典型的表并列关系的连词，这类连词除了像上面那样单独使用之外，还可以和一些从属连词联合使用，形成配套的合用形式，如"虽然……，但是……""除非……，否则……""因为……，所以……"等等。也正是由于这类合用形式的大量存在，汉语语法学界对并列关系与主从关系的划分乃至汉语复句是否有并列与主从的区分存在很大分歧。何容（1942/1985）对这两种形式的不同划分做解释时，将主从关系连词优先于并列关系连词，这种解释他本人也觉得有些牵强。对此，我们认为，这类连词是前一种单独使用状态还是后一种配套合用状态，对所连接的两个小句之间的相互依赖关系类型的选择并没有本质的影响，因为判断小句复合体中两小句之间的关系是并列关系还是主从关系，关键是看两个小句是否同时都有语气选择，"但（是）""否则""所以"所在的小句可以有语气选择，进而区别的关键在于另一小句有无语气选择，当这些小句句首有从属连词时，这些小句丢失了语气选择。关于这类现象我们下文将进一步分析。接下来，我们来看主从关系的小句连结现象。

6.2.3.2 主从：依赖小句与自由小句的连接

从属小句没有语气选择，不能独立充当命题或提议角色，为主要小句"提供支持（provide support）"（Matthiessen 2002：271）。一些连接词语关联的两个小句中，从属小句没有语气选择，像"如果""只要""只有""即使""不管""既然""虽然""（自从）……以后""之前""之后"，我们以其中一部分来进行例释。

(5) a. 如果赶不上火车，我们改乘轮船。（邢福义 2001：83）

b. 我们改乘轮船，如果赶不上火车的话。
(6) a. 既然他反对，我只好留下来。（邢福义 2001：73）
   b. 虽然这种人在党内外都是极少数，但是应该重视他们的作用。（邢福义 2001：302）

我们在语料中没找到有语气选择变化的"如果"小句。接下来，我们来检测是否有语气选择。"如果"小句后不能直接添加"吗"转换成疑问语气，不能说："＊如果赶不上火车吗？"（5a）变换疑问语气的话，要在第二个小句末尾添加"吗"，即："如果赶不上火车，我们改乘轮船吗？"关于这类变换，我们下文进一步探讨。目前，我们可以看出（5a）这类前置"如果"小句不能像上述第（3）、（4）组例句中的小句一样有语气选择。汉语中，"如果"小句可以后置，如（5b），我们对（5b）变换成疑问语气可以发现，后置"如果"小句也不能直接添加"吗"转换成疑问语气，不能说："＊我们改乘轮船，如果赶不上火车的话吗？"这与末尾连接词语"的话"并没有关系，因为去掉"的话"，疑问语气的"如果"小句也不成立："＊如果赶不上火车吗？"然而，(5b)中的首要小句可以转换为疑问语气："我们改乘轮船吗？如果赶不上火车的话。"或者："我们是不是改乘轮船，如果赶不上火车的话？"这时，后置"如果"小句末尾表疑问语气的问号并不是"如果"小句的疑问语气标记，而是首要小句的，因为首要小句不是疑问语气的情况下，这个疑问语气词不能使用，而且后置"如果"小句也不能如首要小句那样变换，不能说："＊我们是不是改乘轮船，如果是不是赶不上火车的话？"我们在语料搜索过程中也发现以下类似情况：

(7) 为什么拿来看呢,要是寄存的话?（邢福义 2001：89）

次要小句出现在首要小句之后,首要小句句尾有"呢",次要小句句尾则有标点符号"?",这个次要小句是不是也有语气?我们仔细分析,答案是否定的。首先,我们可以把首要小句和次要小句的顺序前后变换,问号不能跟随次要小句移动,而是保持原位:

(8) a. 要是寄存的话,为什么拿来看呢?
　　b. *要是寄存的话呢,为什么拿来看?

再有,将首要小句的疑问语气改为其他语气,这个次要小句的疑问语气消失:

(9) a. 不要拿来看,要是寄存的话。
　　b. *不要拿来看,要是寄存的话?

我们在搜索过程中也发现了一些表面上看与这一标准不相符合的语言事实。如:

(10) 如果他要去呢,怎么办?

对于这类现象,邢福义（2001：89）指出结果分句的意思上文已给出,假设分句"如果……"带"呢"可以单独用来提问。我们认为,这类现象并不能分析为假设连接词语"如果"引导的假设分句和疑问语气词"呢"之间的搭配使用而形成疑问语气的"如果"小句。一方面,"如果……呢"有很强的情景依赖性,上文往往是某一种条件下出现或不出现某一种结果的内容表述;另一方面,从说话人对听话人的预期答话来看,听话人需要就"如果"条件下的结果来作答,而不是就"如果"条件来回答。由此可见,"如果……呢?"并不是"如果"小句本身能有语气选择,而是由于语境提供了大量的语义信息,首要小句承前省略而疑问语气保留,首要小句的语气体现在形式上"嫁接"给"如果"小句,出现"如果……呢?"的压缩形式,事实上,这种形式只要上文有提示,可以省略更彻底:"如果呢?",在语义理解过程中我们需要添上省略的部分。由此亦可见,例(10)中的"呢"并非真正的疑问语气助词。

与"如果"小句一样,没有语气选择的还有"只要""不管""因为""即使""以后",如:

(11) a. <u>只要</u>他有这本书,他一定借给你。(邢福义2001:111)
　　　b. *<u>只要</u>他有这本书吗,他一定借给你吗?
(12) a. 他一定借给你,<u>只要</u>他有这本书。
　　　b. *他一定借给你,<u>只要</u>他有这本书吗?
　　　c. 他一定借给你吗,<u>只要</u>他有这本书?
　　　d. 他是不是一定借给你,<u>只要</u>他有这本书?
(13) a. <u>因为</u>有水镜的保护,鼻孔里绝对呛不进去水。(朱斌、伍依兰2009:20)
　　　b. *<u>因为</u>有水镜的保护吗,鼻孔里绝对呛不进去水。
　　　c. <u>因为</u>有水镜的保护,鼻孔里绝对呛不进去水吗?

d. <u>因为</u>有水镜的保护，是不是鼻孔里绝对呛不进去水？

(14) a. 苏伊士河开通了<u>以后</u>，好望角的航路就慢慢的废止了。(黎锦熙 1924/1992：214)

b. *苏伊士河开通了<u>以后</u>吗，好望角的航路就慢慢的废止了。

(15) a. 好望角的航路慢慢的废止了，自从苏伊士河开通了<u>以后</u>。

b. *好望角的航路慢慢的废止了，自从苏伊士河开通了<u>以后</u>吗？

c. 好望角的航路是不是慢慢的废止了，自从苏伊士河开通了<u>以后</u>？

(16) a. <u>即使</u>你头发全白了，我照样可以认得出来。(邢福义 2001：469)

b. *<u>即使</u>我头发全白了吗，你照样可以认得出来吗？①

(17) a. 我照样可以认得出来，<u>即使</u>你头发全白了。

b. *你照样可以认得出来，<u>即使</u>我头发全白了吗？

c. 你照样可以认得出来吗，<u>即使</u>我头发全白了？

d. 你是不是照样可以认得出来，<u>即使</u>我头发全白了？

然而，上述各组中的"既然""虽然"与"如果"等一样，它们所在的小句本身没有语气选择，然而与"如果"等

---

① 后置"即使"小句有时似乎可以用感叹语气，如，"我不会徇私舞弊，即使是你！"实质上这是前面的主要小句的语气选择，关于这一类我们下文继续分析。

小句略有不同的是,"既然""虽然"所在的小句复合体,其首要小句是疑问语气时一般要求是反问语气,如:

(18) 既然他反对,你们为什么还要干?(邢福义 2001:73)
(19) 现在,虽然我已经工作,但一个月 200 多块钱的工资怎么够维持一家人的生活?(朱斌、伍依兰 2009:117)

上文根据两个小句是否同时具有语气选择的标准,我们对小句复合体的配列关系即并列与主从划分问题进行了初步的探讨。为了使主线清晰,我们尚未涉及配套使用的关联现象,这个问题将留至下文探讨。此外,汉语中陈述语气小句出现频率最高,根据 Li (2007) 的盖然率统计,在近万的小句中,陈述语气小句的盖然率最高,为 87.42%,远远高于 10.07% 的疑问语气小句和 2.51% 的祈使语气小句。然而,陈述语气在形式体现上并没有区别于其他语气的特征,汉语中的小句也不像英语中的小句一样,不同的语气有词序的变化(主语与限定成分的词序变化),从而,我们仍需要区分是陈述语气还是类陈述语气。

6.2.3.3 进一步区分的必要

一般认为连接词语是区分并列与主从关系的标志,然而,很多并列连接词语可以与主从连接词语配套使用,因而在判断连接词语是表并列关系还是主从关系时,不同的学者有不同的划分结果。我们认为,汉语中,使用连接词语更重要的是出于语义的需要,而不是语法形式的需要。两个小句连接成小句复合体,并非一定要借助连接词语,应该说,连接词语只是其中的一种手段,这可以从日常生活交际中看出,由于丰富的即时交谈情景,交际双方更多的是借助其他方式来关联,如词序、句式,语气和极性的肯否定也是重要的关联手段。口头语中使用连接词语与书面语使用连接词语有很大的不同,这是因为书面语表达的语境不如口头语交际的丰富。换个角度来说,当两个小句在语义上发生关联,可以通过词序、连接词语、句式、语气和极性的肯否定来体现,后三者更多的是与人际意义有关。从人际意义出发,我们认为,语气是划分并列关系和主从关系的根本标准,并列关系连接词语所在的小句有语气选择,而从属关系连接词语所在的小句没有语气选择。由于主从关系小句复合体中的首要小句是有语气选择的,所以首要小句中有可能出现并列关系连接词语,这并不矛盾。因为判断并列关系还是主从关系,其根本在于次要小句是否也有语气选择,也就是说,主从关系的小句复合体的两个小句之间之所以有主次之分,是因为从属小句没有语气选择,其最直观的形式体现即是使用从属关系连接词语。

因而,我们对并列关系和主从关系的区分,不是从形式路径出发,而是从功能路径出发,即,从言语功能出发考察小句是否具有语气体现。基本区分结果参见表6-3。

表6-3 语气标准下的并列与主从划分

配列关系	首要小句	连接词语	次要小句
并列关系	[+语气]	而且;要么;但是;所以;否则	[+语气]
主从关系	[+语气]	因为;如果;只要;不管;即使;既然;虽然;以后	[-语气]

系统功能语言学认为，语言由大大小小的系统构成，一个系统网络包括一个入列条件和两个及以上的入列项，从左到右排列，越往右走，该系统的描写的精密度越高。前面我们根据语气标准将小句间的语法关系分为并列关系和主从关系两类，而并列关系子系统和主从关系子系统可以根据划分标准进一步细分。接下来，我们将对小句间的并列关系和主从关系类型进一步划分。

6.2.4 并列与主从的进一步划分

并列与主从的划分问题是小句联结研究的一大重心，对此，Verstraete（2007）基于 Quirk et al.（1985）、Halliday（1994/2000）、Foley & Van Valin（1984）、Hopper & Trougott（2003）等等的相关论述，侧重从人际角度出发，归纳出小句连结的四种结构，通过对日耳曼语系中英语、德语等语言的应用分析，构建了小句连结的人际语法类型学研究理论，其研究的基本思路及其所分析出的并列、主从四种类型学结构如图6-3所示。

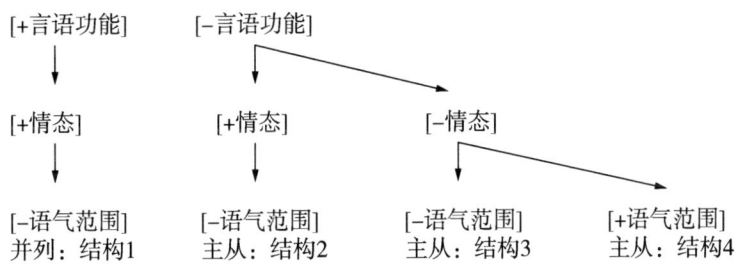

图6-3　人际语法类型参数与并列、主从结构

如图6-3所示，并列关系的小句都有言语功能、情态的选择，并且不在彼此的语气范围内，并列结构与主从结构的区

别在于是否都有言语功能，主从结构中的从属小句没有言语功能；同时，主从关系根据是否有情态、是否在主句的语气范围内又继续分为情态从属（modality subordinate）、自由从属（free subordinate）与约束从属（bound subordinate）三种结构；其中，言语功能参数优先于情态参数，情态参数又优先于语气范围参数，即是说，参数之间存在等级性，下一级参数不能逾越上一级参数之中，如，从句在主句的语气范围内则意味着没有情态选择。总体而言，Verstraete（2007）的研究是从功能出发的研究，而他所说的人际语法糅合了诸家的观点，与Halliday（1994/2000）所说的人际功能语法并不完全一致。但是，不可否认的是，他的研究受到 Halliday 的影响。我们同样可以借鉴其研究成果，进而在系统功能语言学理论框架中加以改进，并用来探讨汉语小句复合体中并列与主从划分的问题。

6.2.4.1 并列关系的次分

上文已经分析并验证了并列关系的小句复合体中两个小句都有语气选择。根据系统功能语言学，有语气选择的小句可以构成包含了说话者（作者）和听话者（读者）的交际事件（interactive event），交换信息时，小句为命题（proposition）的形式，就意味着能就相关命题进行争论（argue），我们可以对这一命题进行认可或否定、质疑、反驳、坚持、有保留地或有条件地接受等等。

汉语中，两个小句联结成小句复合体，这两个小句之间是并列关系时，可以同为一种语气，也可以是不同的语气小句连接。语气也是小句联结成小句复合体的重要手段之一。上文已对语气类型的联结做了大致介绍，小句彼此联结构成小句复合体，其中的两个小句的语气选择的自由度会呈现程度不一的情况。根据不同的言语功能，小句主要有三种语气选择：陈述语气、疑问语气和祈使语气。同时，感叹语气是陈述语气的一个分支。一致式的情况下，陈述命题主要由陈述语气体现，提出问题主要由疑问语气体现，并列关系的小句复合体中的两个小句都有语气选择，语气选择的自由度，是指小句是否允许有两种或两种以上的语气选择（参见 Verstraete 2005）。然而，我们认为，这实际上需要将语气与言语功能联系起来看，而且需要把两个小句都同时考虑。Halliday（1994/2000）提到，根据说话人的角色和交换的内容所归纳出来的四个言语功能是高度概括的，更进一步分析，可以得出更多的类别；语气在体现言语功能时也同样如此。形式上为疑问形式，其言语功能却是陈述命题，这种称为隐喻式。汉语中的反问句实质上是疑问形式体现的陈述命题，也就是说，隐喻式的疑问语气实质上不是表述真正的疑问，从而，是否局限于隐喻式的疑问语气是一个判断标准。根据这个标准，并列关系的小句复合体可以继续次分为两个小类，一类是并列关系的小句只限于陈述语气或体现陈述命题的其他隐喻式语气，另一类则允许有不同的语气选择。

(20) a. 他们果真没有他们的神秘，<u>并且</u>，没有他们相左的意见和矛盾吗？（CCL）

　　b. 那么究竟我们做了些什么，<u>并且</u>获得了什么经验和教训呢？（CCL）

(21) a. 只是在他的问题上，大家还有不同意见，需要一定的时间统一认识；<u>所以</u>，那篇报道是不是先不忙发出去？（CCL）

　　b. 我不知怎么演出来的，<u>所以</u>，我怎么有把握下次还演得这么好？（CCL）

　　c. 我后天就要离开这里去约翰内斯堡，会逗留很久，<u>所以</u>可否请你把信寄到约堡？（CCL）

以上两组例句分别使用了前指性连词（forward-linking conjunction）"并且""所以"，从语气形式上看，连词后连接的小句都是疑问语气。然而对比这两组例句，我们可以发现有两点不同。首先，从疑问语气体现的言语功能来看，（20a）和（20b）中画线连词后的小句都是有疑而问，体现提问言语功能，（20a）是倾向性的是非问，（20b）是特指问。（21a）、（21b）和（21c）中画线连词后的小句虽然都是疑问语气形式，却不是真的提出问题：（21a）中，说话人表达的是"所以，这篇报道先不忙发出去"，采用"是不是先不V"的形式，表达自己的意见时采用的是商量的口吻，语气委婉，易于让人接受；（21b）中，说话人断定的表述"我没有把握下次还演得这么好"；（21a）、（21b）体现了陈述命题的言语功能；（21c）说话人请听话人做事情，是采用疑问语气来委婉表达请求，而不是提问。这三例中的说话人所期望的听话人的回答不会是回复疑问。根据我们的语料搜索，"所以"后面的小句若是疑问语气形式，一般是隐喻式①，为一致式的是非疑问形

---

① 实际对话中，有一类陈述疑问语气小句，即，承接对方的话语进行猜测，通常是以投射的形式出现，如：

（22）"哎，其实我一直没告诉你，我曾经的梦想也是画家。"坐下后，吴琼把玩着手里装橙汁的玻璃杯，望着我说，"那时候，我常穿着一件麻布T恤，上面涂满油画，四处招摇。""<u>后来发现做画家很难，所以放弃了?</u>"我猜测着说。"哪是酱紫的啊，和你一样，是家里人死活不让我考美院。……"（CCL）

说话人顺着听话人的话音，对听话人前面所叙述的情况进行猜测，相当于陈述小句后带附加疑问小句，"后来发现做画家很难，所以放弃了，是不是?"Li（2007）认为附加疑问形式不是疑问语气。由于这类现象主要以投射形式出现，这不是本书的研究中心。实际上，即便是这样，我们仍可以通过前后两个小句的语气选择来区别。

式的出现频率几乎为零①。同时，我们还可以从连词前后连接的两个小句来分析。(20a) 和 (20b) 这两个小句复合体中，连词"并且"关联的前后两个小句可以同时是疑问语气。(20a) 中是两个是非疑问语气小句联结而成，我们可以转换为"他们果真没有他们的神秘吗？并且，没有他们相左的意见和矛盾吗？"。(20b) 同样如此，是两个特指疑问语气小句联结而成。反观 (21a)、(21b) 和 (21c)，连词"所以"前后关联的小句不能同时是疑问语气，(21b) 中前一小句中的"怎么"并不是具体的疑问词，而是虚指代词，而且严格来说，"我不知怎么演出来的"是个主从关系投射小句复合体，与连词"所以"后的小句构成并列关系的是其中的主要小句"我不知（道）"，而这个小句显然不是疑问语气。

由此可见，根据语气选择自由度，并列关系小句复合体可以继续分为两个次类，与"并且"一样可以有语气选择自由的还有"或者""而且""而"；与"所以"一样语气选择有限制的则有"但是""因为"等。如：

(23) a. 有些起价是不是定得太高了，<u>而</u>有些<u>起价</u>像广告宣传费定得太低了？(CCL)
   b. 文章为什么从张家港办电写起，<u>而</u>不写省、市电力主管部门如何办电呢？(CCL)
(24) a. 不知道要去几天？<u>因为</u>我舰方才出坞，锅炉内矮墙还未做好，如果不急的话，还是派别的舰去，倘是急要而只需三两天，那当然要去。(CCL)

---

① 笔者对此在北京大学 CCL 语料库和国家语委现代汉语语料库进行了搜索分析后所得出此结论，不排除其他语料库中有例外情况。

b. 我想我永远不会选择配偶，<u>因为</u>，您看见过汤姆·莎耶找过配偶吗？（CNC）

例（24）的这些原因关系是内在的，也就是说，是针对人际交流行为本身，说话人参与了这个识解本身，"我这么说 x，我的理由是 y"，而不是外在的"它是 x，因为它有特征 y"。总而言之，并列关系的小句复合体中两个小句都有语气选择，然而，在语气选择的自由度上又存在着差异性，大概可以分为两个次类。一类是连词前后关联的小句都有语气选择，同时可以是陈述语气，还可以是一致式的疑问或祈使语气类型，也就是说，不仅仅局限于陈述命题这一言语功能。而另一类连词前后的小句在语气选择自由方面有限制，两个小句一般不能同时为陈述语气以外的其他语气，而且，后一小句如果是疑问语气或祈使语气，也通常是隐喻式的。这个区分与对称性和非对称性有所关联，语气选择自由度没有限制的一类一般是对称性的，前后两个小句可以互换位置，如（20）、（23）；而语气选择自由度有限制的一类前后小句一般不能互换位置，如（21）、（24）。然而，根据 Halliday（1994/2000：225），并列关系是对称性的关系，而扩展语义关系却不是。对此，我们可以结合语义关系来进一步探讨这个问题。

如上所说，就其本身而言，并列关系潜势上是对称性的，这也体现在并列关系下的两个小句的语气选择上，根据前后小句是否能同时为陈述语气以外的同一语气，并列关系的小句复合体分为两个次类；而这两个次类的划分与并列关系的对称性问题紧密关联，与此同时，又与语义关系类型有直接关联（参见 Verstraete 2005，2007）。从不对称的并列关系小句复合体来看，以连词"所以"为例，我们可以发现，"所以"关联的前后小句的语义关系是分析或断定原因与结果关系，前一小句陈述某类事实或现象作为理据，后一小句就此得出结论，事实（理据）项与结果项之间不是对称的关系；这种语义关系直接决定了前后小句所能体现的言语功能类型的限制性，即，可以同时为陈述，却不能同时为提问或命令，因为提问这一言语功能是要求听话人提供信息，命令则是要求听话人提供物品或服务，而事实（理据）项应当是说话人给予信息。这种言语功能的限制进一步反映在词汇语法层的语气选择上，即，"所以"关联的前后两个小句不能同时是一致式的疑问语气或祈使语气，更具体一点地说，连词"所以"前面的小句要求是一致式的陈述语气。并列关系下的连词"因为"所关联的前后小句与连词"所以"较为类似，不过，"因为"后一小句是对前一小句所体现的命题/建议进行解释说明，原因/理据项在后，解释说明原因/理据是给予信息，要求是陈述命题，因而连词"因为"后面的这个小句常常是陈述语气。也就是说，语气选择自由度由言语功能类型所决定，同时，言语功能类型又与语义类型紧密相关。

根据小句语气选择自由度，并列关系小句复合体又可细分，如表6-4所示。

表6-4 并列关系小句复合体的次分

首要小句的语气选择	连词	次要小句的语气选择	
陈述	所以	自由	不对称
非疑问	但是，否则	自由	
自由	因为	陈述	
自由	或者，并且，而	自由	对称

6.2.4.2 主从关系的次分

英语中的限定成分包含两种基本意义，时态与情态；与之相交织的还有极性，也就是肯定与否定的选择。汉语中，语气不是以"主语+限定成分"这样的结构来体现，而是用语调以及语气词来体现；换句话说，语气与时态、情态、极性选择分离开来。语气体现言语功能，有言语功能就意味着能独立成自由小句，即进行交际形成语步，在语篇中推动发展。语气是第一性的，有语气的小句同时意味着可以有情态、时体的选择，而反过来却不成立。

6.2.4.2.1 主观情态判断

上文我们已经分析了，主从关系小句复合体的次要小句没有语气选择，不能单独体现言语功能。根据 Halliday（1994/2000），一个小句有语气选择就意味着有主观情态的选择，而当一个小句没有语气选择，丢失其独立性时，这个小句仍可能有主观情态的选择。根据小句复合体的次要小句是否有主观情态选择，主从关系小句复合体可以继续划分为两个次类（参见 Verstraete 2007）。第一类的次要小句可以有主观情态选择，第二类的次要小句则没有。

(25) a. 虽然住房开工量和销售量比去年的高水平有所下降，但今年住房业总体上仍比较兴旺。

b. 虽然住房开工量和销售量<u>可能</u>会比去年的高水平有所下降，但今年住房业总体上仍将比较兴旺。（CCL）

(26) a. 当你坠入爱河，你怎么办？（Eifring 1995：56）

b. *当你可能坠入爱河，你怎么办？

如例（25a）、（26a）的次要小句分别由"虽然""当"引导，都不能单独体现言语功能，不是真正的陈述语气。（25a）的次要小句可以添上情态动词"可能"，表达说话人的主观判断，如（25b）；而（26a）不可以，如（26b）不成立，其没有主观情态选择。由此划分出类似例（25）的有主观情态选择的主从关系小句复合体。又如：

(27) 既然新技术<u>不可能</u>毫无风险，人们要考虑的就是什么水平的风险可以接受。（CCL）
(28) 对于出口经营者知道或应该知道存在扩散风险的出口项目，<u>即使</u>拟出口的物项或技术<u>可能</u>不属管制清单范围，也要求其申请出口许可证。（CCL）
(29) <u>无论</u>这一机构<u>可能</u>设置成什么形式，它都应该是具有中央一级集中性办事机构的权威。（CCL）
(30) 美国高级官员<u>不管</u>私下里<u>可能</u>多么焦虑，但给世界看的面部表情总是信心十足。（CCL）

结合语料库的语料，如例（27）到（30）所示，"既然""即使""无论""不管"和"虽然"一样，其引导的小句都有主观情态选择，由此我们划分为第一类主从关系。"如果"引导的小句中一般不能带"可能"，但可以为"一定要"，如：

(31) a. 沙龙如果推行单边计划，就必须做好政府倒台和提前大选的准备。
  b. 沙龙如果一定要推行单边计划，就必须做好政府倒台和提前大选的准备。（CCL）

需要注意的是，"一定要"不是表达说话人的主观情态，而是小句中主语的主观意志，比较"沙龙一定要推行单边计划"和"沙龙如果一定要推行单边计划"，前者是说话人的主观态度，而后者不是说话人的主观态度。和"如果"小句一样没有主观情态选择的从属小句还包括连词"只要""只有""因为""之后""之前""自从"等引导的小句。这一类的主从关系小句复合体可以结合语气范围参数进一步细分。

6.2.4.2.2 语气范围判断

上一小节，我们根据主观情态将从属小句分为有情态选择和没有情态选择两类，接下来我们结合语气范围来看。如上文所说，主从小句复合体中主要小句有语气选择，而从属小句没有语气选择，因而，从语气范围来看，即有两种可能：从属小句不在主要小句的语气范围内，或从属小句在主要小句的语气范围内。语气与情态紧密关联，有语气选择就意味着可能有情态选择，反观之，有情态选择却不一定有语气选择；主观情态亦是人际参数，有情态选择就意味着有一定人际意义，从而有情态选择的从属小句不在主要小句的语气范围内。如上例（28），"即使"引导的从属小句有主观情态选择，从属小句不在主要小句的语气范围内，我们可以通过是非疑问语气来检测。例（28）中的主要小句转换成是非疑问语气，如例（32）：

(32) 对于出口经营者知道或应该知道存在扩散风险的出口项目，<u>即使拟出口的物项或技术可能不属管制清单范围</u>，也要求其申请出口许可证吗？

上例（32）中，主要小句由陈述语气转换为疑问语气，其疑问语气的辖域并不包含从属小句在内，也就是说，从属小句不在主要小句的语气范围内。而没有情态选择的从属小句则有两种可能，或不在主要小句的语气范围内，如（33a），或在主要小句的语气范围内，如（33b）。

(33) a. 沙龙<u>如果</u>推行单边计划，就必须做好政府倒台和提前大选的准备吗？
b. 在您一生的研究工作中，您认为哪些是最主要的贡献——<u>如果</u>相比之下有些更为重要的话？（CCL）

（33b）这类现象在汉语中并不多见。与此同时，语气范围参数与小句之间的整合程度紧密关联，因而，我们需要从汉语小句复合体本身出发来谈论从属小句在主要小句的语气范围内的现象。汉语中，从属小句可以包容在主要小句之中，即 α《β》，当 β 小句主语为意会主语（即主语是潜在的，只能意会的），或者与 α 小句的主语相同，而且两个小句之间没有韵律停顿时，从属小句在主要小句的语气范围内，如：

(34) a. 他因为下雨不能来。（黄伯荣、廖序东 2002：175）
b. 他如果下雨就不会来。
c. 他只要下雨就不会来。
d. 他不管下不下雨都会来。
e. 他即使下雨也会来。
f. 我自从上大学就再也没有买过报刊杂志了。

上面（34）这组例句中的主要小句变换成是非疑问语气小句，显而易见的是从属小句在主要小句的疑问语气范围内，如（34a）转换成疑问语气如下：

(35) 他因为下雨不能来吗?

而当从属小句在主要小句的语气范围内时,从属小句没有主观情态选择,如(34d)和(34e),不能变换成(36a)和(36b)。

(36) a. *他不管可能下不下雨都会来。
b. *他即使可能下雨也会来。

总体而言,主从关系小句复合体根据情态与语气范围可以分为以下三种主从结构:①主从结构1中次要小句有主观情态选择,且不在首要小句的语气范围内;②主从结构2中次要小句没有主观情态选择,且不在首要小句的语气范围内;③主从结构3中次要小句没有主观情态选择,在首要小句的语气范围内(如表6-5所示)。

表6-5 主从关系小句复合体的次分

	次要小句	连词	首要小句
主从结构1	[-语气]	虽然,既然,即使,不管,无论,因为	[+语气]
	[+主观情态]		[+主观情态]
	[-语气范围]		
主从结构2	[-语气]	如果,只要,只有,因为,当,之前,之后,自从	[+语气]
	[-主观情态]		[+主观情态]
	[-语气范围]		
主从结构3	[-语气]	如果,只要,只有,不管,即使,因为,之前,以后,自从	[+语气]
	[-主观情态]		[+主观情态]
	[+语气范围]		

6.2.5 是陈述语气还是类陈述语气

汉语没有限定成分，疑问语气不是通过改变主语和限定成分的顺序来体现，而是通过语调由降调变换为升调或同时添加疑问语气词"吗"来体现。当并列关系的两个小句同时为疑问语气时，一般只在后一个小句的末尾用疑问语气词"吗"，而主从关系的两个小句，其非标记性的排列顺序是次要小句先于首要小句，从而疑问语气词也是在第二个小句的末尾的位置。这样一来，是两个小句享有相同的疑问语气，还是次要小句在首要小句的疑问语气范围内，我们需要进一步判断。

(37) 王五好容易请了一个管家，昨天辞职了吗？（Shi 1989：234）

Shi（1989）认为句末语气词"吗"统管这两个分句，Eifring（1995）则认为"吗"只标示第二个小句为疑问句。根据语气词不能超越单核句（相当于传统语法中的单句，系统功能语言学中的自由小句）范围的原则，Eifring 认为（37）是一个多核句（相当于传统语法中的联合复句，系统功能语言学中的并列小句复合体）。这个标准很大程度上是正确的，然而，他对以下两个例句的分析却过于牵强：

(38) a. 学校也要换茅草顶，也要种菜，也要上山带学生干活呢！（Eifring 1995：14）
b. 你去广州还是我去广州啊？

以上两个例句都只有句尾出现标示语气的感叹号或问号，

Eifring 由此认为这两个句子是单核句,用"话题+评论(topic + comment)"来解释这种分析。我们认为,这种分析不够合理,(38a)我们可以将句末语气词"呢"补出,如(39a),(38b)在语流中要有韵律停顿的话,最自然的语音停顿是在"还是"前,如(39b)所示,语调方面也更适宜处理为两个疑问语气小句。因而,我们认为(38a)和(38b)是并列关系的小句复合体。

(39) a. 学校也要换茅草顶呢,也要种菜呢,也要上山带学生干活呢!
b. 你去广州,还是我去广州啊?

上文 6.2.3 和 6.2.4 两个小节,我们主要通过疑问语气来检验两个小句是否同时都有语气选择来判断是并列关系还是主从关系的小句复合体。为了进一步说明语气是判断的根本标准,接下来我们集中对目标小句是陈述语气还是类陈述语气做进一步说明。我们首先将例句转换为疑问语气。添上疑问语气词"吗",句尾用上问号标示,如:

(40) a. 张老师教三班,李老师教四班。
b. 张老师教三班,李老师教四班吗?
(41) a. 我包的饺子既不好看,又不好吃。
b. 我包的饺子既不好看,又不好吃吗?
(42) a. 他不但会说英语,而且还会说法语。
b. 他不但会说英语,而且还会说法语吗?

上面三组例句中的 a 例句都可以通过在句末添加疑问语气

词"吗"将陈述语气转变为疑问语气,对于疑问语气的(40b)、(41b)、(42b),我们可以同时对这些例句中的两个小句进行否定回答,也可以只对其中的某一个小句进行否定回答,比如对(42b)的回答如下:

(43) a. 不,他不但不会说英语,而且也不会说法语。
　　　b. 他会说英语,但不会说法语。

如上所见,(43a)否定了(42b)中的前后两个小句的内容,(43b)则肯定了第一个小句的内容而否定了第二个小句的内容。根据 Halliday & Matthiessen (2004/2008),语气与极性密不可分,一个命题是"可争议的(arguable)",在具有语气的同时,也需要在极性中进行选择,即,是肯定的或是否定的。"极性是评估小句争议性价值的资源,可以肯定或否定命题的有效性或建议的实施性。"(Matthiessen 1995:476)通过对上面例句的肯否定回答,我们发现,例(40)、(41)、(42)这三个小句复合体中所包含的两个小句分别体现两个命题,这两个命题可以同时被否定,也可以在肯定一个命题的同时否定另一个命题。由此,我们可以认为,(40)、(41)、(42)中所包含的两个小句都有语气的选择,同为陈述语气且又相互关联的两个命题,是并列关系的小句复合体。

接下来,我们再来看一组例句。

(44) a. 因为他去,我才去。
　　　b. 因为他去,你才去吗?
(45) a. 如果他去,我就去。
　　　b. 如果他去,你就去吗?

(46) a. 即使他去，我也去。
　　　b. 即使他去，你也去吗？

以上这组例句同样可以在句末添上疑问语气词"吗"，然而，对这组例句中（44b）、（45b）、（46b）的否定回答不同于第一组例句。

(47) 不，不是因为他去我才去。
(48) 不，他去，我也不去。
(49) a. 不，如果他去，我就不去。
　　　b. 不，除非他不去，我才去。

上例（47）不是单独否定（44b）中某一个小句的内容，而是否定这两个小句之间的关系；例（48）同样也是如此。从形式上看，（49a）是对（46b）第二个小句的否定，（49b）则是对（46b）第一个小句的否定；然而，（49a）、（49b）虽然可以否定对应问句中的一个小句，但这种否定不能脱离另一小句而独立，因而仍然是两个小句之间的关系成立与否的否定。

并列关系小句复合体中的两个小句可以分别提问，同时，配套合用的、表并列关系的连接词语常常省去，省去后不影响语义，而主从关系连接词语一般不能删掉，如（44b）删去连接词语后，"他去，你去吗？"语义发生了改变。从而，我们可以判断出像上述例（44）、（45）、（46）中的第一个小句没有语气选择，第二个小句有语气选择；第一个小句依赖于第二个小句而存在，二者之间是主从关系。

是陈述语气还是类陈述语气，我们可以进一步通过语调序列来检验。上文我们提到过，疑问语气的语调一般为升调，两个同时具有疑问语气的小句，在语流中是连续两个升调，这一特点区别于其他三种语气。我们将上文（40a）、（41a）、（42a）和（44a）、（45a）、（46a）这两组例句中小句的语音语调变为升调来表达疑问语气，如（50）和（51）所示，并列关系小句复合体，(50a)(50b)和(50c)的两个小句都可以是升调，而主从关系小句复合体中次要小句不是升调。

(50) a. 张老师教三班↗，李老师教四班↗？
　　　b. 我包的饺子既不好看↗，又不好吃↗？
　　　c. 他不但会说英语↗，而且还会说法语↗？
(51) a. *因为他去↗？你才去↗？
　　　b. *如果他去↗？你就去↗？
　　　c. *即使他去↗？你也去↗？

通过疑问语气检验，我们初步验证了语气标准：并列关系的两个小句构成的小句复合体中，这两个小句各自都有语气选择；而主从关系的两个小句构成的小句复合体中，控制小句有语气选择，而从属小句没有语气选择，类似于陈述语气结构。如何判断句末语气词是共享的还是唯一的，我们的疑问语气检测的方法分为两步，上文已进行详细分析，现归纳如下：先添加疑问语气词"吗"或变换语调为升调，再进行否定回答，看是否两个小句都能同时否定或单个否定。由此可见，汉语虽然没有限定成分，语气和极性同样紧密关联，进而也证实，极性也是人际功能的一部分。

上文我们借鉴了 Verstraete（2007）关于小句联结的类型学研究来对汉语小句复合体中并列关系与主从关系的划分进行

了人际功能分析。在系统功能语言学看来，小句复合是动态性的小句递归产物，小句在动态的复合过程中，不仅仅是人际功能在起作用，同样起作用的还有经验功能和语篇功能。

6.3 并列与主从的经验意义区分

经验功能关涉语言的表述功能，在词汇语法层主要体现为及物性结构，及物性结构的核心部分是过程，一个小句表述为一个过程。同时，任何一个过程都是在一定时间下产生的，然而，时间意义是否在语法中呈现出来，又以何种形式来体现，不同语言有不同的表现。汉语小句中，时间意义的语法体现不是如英语小句所呈现的线性的时态，而是通过过程开始和完成的阶段性得以呈现，时间系统主要包括时体和相位，在经验系统中是选择性的子系统，也就是说，过程也可以没有时体和/或相位的标记（参见 Halliday & McDonald 2004）。

在经验功能的作用下，小句连结体现"两个过程的关系"（Halliday 1994/2000：216）。两个过程的时间意义的体现，主要是体标记，在一定程度上反映了小句连结的配列关系选择。当主从关系小句连结的小句排列顺序为 β ˆ α，从属小句（即 β 小句）的动词或动词词组后出现的"了""着""过"等体标记显示了其从属地位。如汉语以体的模式来建构过程中的时间关系（Matthiessen & Halliday 1979/2009）：

(52) a. 听了这番话，我心里很感动。
 b. 东郭先生赶着驴，在路上慢慢地走着。（刘月华等 2001：392）

c. 吃过饭，你到我这儿来一趟①。

上述（52）中的这三个例句的前一小句分别有体标记"了""着""过"，这三个小句都不能独立成句，是依赖小句。Li & Thompson（1981）用事件的"有界"和"无界"对涉及"了"的这类现象做了解释，他们认为是简单的非量化的直接宾语名词（即系统功能语言学中体现参与者角色的名词）是不定指的缘故，从而导致"一个简单动词短语与这类直接宾语的搭配使用所表现的事件是无界的"，"这类句子要变为有界的就需要后面有继续小句或句末添加句末助词'了'来显示与当前的相关性的原因所在"（201页）。对此，我们认为不是名词是不定指的原因②，如（52a）中"这番话"即是有所指的，"我听了这番话"仍是不独立的。这类小句连结前后两个小句所体现的两个过程之间存在着时间关联性③，这时体标记"了""着""过"不表示说话时间④，因而不具备独

---

① 这儿也可以用时相的表达："吃完饭，你到我这儿来一趟。"由于时相的表达很宽泛，我们这里不做讨论。

② 动词后的名词为定指、量化或带有修饰语，是动词后有"了"的小句可以独立的原因之一。如，"*我吃了饭"不能独立存在，但"我吃了一碗饭"可以。我们这里排除掉对话的情况。

③ 前一个小句也可以是对后一小句的假设条件扩展，但仍有时间关联性，如，"做了作业，你才能看电视"，前一小句的言语时间定位同样需要通过后一小句才能确定。

④ 根据 Halliday（1994/2000），英语小句中的限定成分使命题与之所在的言语事件情景发生关联，通常由两种方式表达，其中之一是通过参考说话时间即基本时态（primary tense）（相对于说话时间的过去、现在、将来），使命题所表述的事件具体时间化从而具有争辩性。汉语中，时间意义主要是通过体与相的语法表现，没有成系统的时态范畴。

立交际的能力,含这类体标记的从属小句的言语时间定位需要参照控制小句来判断。从这方面看,汉语中的体标记也具有一定的人际意义。

换个角度来说,当体标记"了""着""过"使过程与说话时间具体关联时,动词或动词词组后的"了""着""过"等体标记便不再是从属标记。如:

(53) a. 会上,他主动承担了责任,取得了群众的谅解。
（刘月华等 2001:374）
b. 会上,他主动承担责任,取得了群众的谅解。
（刘月华等 2001:373）

(53a) 具体给出了时间环境成分"会上",两个小句中动词后的"了"表示两个过程是说话时间的"过去"发生的,这两个小句都可以独立存在,彼此之间是平等的地位,形成并列关系小句连结;而 (53b) 中第一个小句的"了"的缺失,使得这一过程需要参照后一过程来与说话时间发生关联,这时没有体标记"了"反而使这一小句成为依赖小句,与后面的小句一起构成主从关系的小句连结。

Halliday（1994/2000）,Matthiessen（2002）以及 Caffarel（2006）都曾探讨过在说话时刻点所陈述的事件是现实（realis）还是非现实（irrealis）与增强语义小句是并列关系还是主从关系有着内在联系。接下来,我们从否定表达式来看小句连结的配列关系选择与说话时间的关联。

(54) a. 他不来,我不去。
b. 他没来,我不去。

汉语中，"没（有）"否定动作的发生或状态的出现，只用于表述过去和现在的事件，而"不"没有这个限制，也可用于表述将来的事态。在（54a）中，我们可以结合后面小句"我不去"来判断出前面小句"他不来"所表述的事件是相对于说话时间的非现实的，或者说是将来可能的事件，前一小句对后一小句进行条件增强语义扩展，而不是陈述命题"他不来"，（54a）是主从关系的小句连结；而（54b）中，"他没来"相对于说话时间是过去发生的事件，是陈述命题，与后面的小句构成并列关系的小句连结。

从这一部分分析来看，小句与小句彼此关联形成小句连结时，经验功能和人际功能都有其作用，甚至两种功能交织在一起共同作用。我们进行语法分析时，为了表述的条理性，因而采取逐一分析。小句连结的配列关系选择同样也反映在语篇功能选择中。

6.4　并列与主从的语篇意义区分

根据 Halliday & Matthiessen（1999：245），一个小句复合体（序列）是并列关系的，其优先顺序是与事件发生顺序一致的，如时间关系优先序列为："先发生事件 1，然后发生事件 2"；原因关系优先序列为："原因，（所以）结果"。当小句复合体是主从关系时，两种顺序都可以："事件 1 之后，事件 2；事件 1 之前，事件 2"；"因为事件 1，事件 2"；"事件 2，因为事件 1"。这种分立是因为主从关系识解其本身的顺序，即依赖顺序；而并列关系中语法体现的唯一顺序是经验现象本身的顺序。

并列关系和主从关系的小句连结，在首要小句和次要小句的顺序安排上有所不同。并列关系的小句连结，首要小句和次要小句是按出现的先后顺序来划分的，首要小句总是先出现的小句，次要小句是后出现的小句，用阿拉伯数字表示的顺序为 1ˆ2，不会是2ˆ1；而主从关系小句连结，首要小句总是控制小句，次要小句则是从属小句，首要小句和次要小句的排列次序可以变换，用希腊字母表示的顺序可能为 αˆβ、βˆα、α《β》。汉语主从关系小句连结，从属小句大多位于它所依赖的小句之前，即 βˆα。如：

(55) a. 我喝茶，他喝咖啡。（1ˆ2）
   b. 他喝咖啡，我喝茶。（1ˆ2）
(56) a. 如果赶不上火车的话，我们改乘轮船。（βˆα）
   b. 我们改乘轮船，如果赶不上火车的话。（αˆβ）
   c. 我们如果赶不上火车的话就改乘轮船。（α《β》）

并列关系与主从关系的这种区别，实质上是语篇功能系统中的主位选择不同。根据 Halliday（1994/2000），"小句主位选择在语篇组织方面扮演着至关重要的角色……主位的不断选择形成大家所说的语篇脉络。（The choice of clause Themes plays a fundamental part in the way discourse is organized; it is this, in fact, which constitutes what has been called the 'method of development' of the text."（61页）。系统功能语言学中，主位是信息的出发点，和述位一起构成主位结构，"主位+述位"的结构体现了语篇功能如何组织"信息流动（flow of information）"（Halliday & Matthiessen 2004/2008：392）。小句连结中的主位安排也与配列关系的选择有不同体现。并列关系的小句连结有两个主位结构：主位 1 + 述位 1，主位 2 + 述位 2。两个主位可以不同，如（55）所示；也可以相同，如"我喝茶，我也喝咖啡"，次要小句的主位与首要小句的主位都是"我"。主从关系的小句连结，主位的选择有不同的分析。当次要小句位于主要小句之前，可以将整个次要小句分析为主位，主要小句分析为述位，进而再进一步对这两个小句分析划分出主位与述位结构，如（56a）；次要小句也可以后置于主要小句之后，这时次要小句不再主位化，如（56b）；同时，次要小句有可能包围在主要小句之中，如（56c），这时，次要小句都被视为是述位，当然，也可以进一步划分次要小句的主位和述位，但意义不大。将从属小句放置于主位位置，是语篇信息发展再次安排的一种选择，主位化的从属小句常常提炼出上文所涉及的一些信息来作为控制小句的出发点，为控制小句设立一个语境，使之与上文建立联系（参见 Halliday & Matthiessen 2004/2008）。汉语中从属小句一般置于主要小句之前，"其目的是使其主位化"（Halliday 1994/2000：56），这与汉语是话题式语言有不谋而合之处。重复（55）、（56）并分析其主位、述位如下：

（55）a. 我　　　喝茶，　　他　　　喝咖啡。
　　　　 主位1　 述位1　 主位2　 述位2
　　　b. 他　　　喝咖啡，　我　　　喝茶。
　　　　 主位1　 述位1　 主位2　 述位2
（56）a. 如果　　　　　　　　　　赶不上火车的话，
　　　　 主位
　　　　（语篇）　（话题）　主位1　述位1

```
        我们         改乘轮船。
        述位
        主位2    述位2
    b.  我们                        改乘轮船,
        主位1                        述位1
        如果                         赶不上火车的话。
    (语篇)  (话题)   主位2     述位2
    c.  我们    如果赶不上火车的话就改乘轮船。
        主位    述位
```

由此可见,主从关系小句连结中,次要小句的不同位置安排是语篇发展的需要。同时,并列和主从关系的选择,在语篇功能中的省略系统方面也有不同的体现。首先从主语的省略来看,陈述命题时,当前后两个小句的主语一致时,并列关系和主从关系的两个小句主语都可以出现,如(57a)、(58a),或者第二个小句的主语承前省略,如(57b)、(58b);然而并列关系的小句连结,一般情况下,第一个小句的主语不能蒙后省略,如(57c),也不能同时省略不出现,如(57d),而主从关系的小句连结中这两种省略都可以,如(58c)、(58d)。

(57) a. 我喝茶,我也喝咖啡。
     b. 我喝茶,也喝咖啡。
     c. *喝茶,我也喝咖啡。
     d. *喝茶,喝咖啡。
(58) a. 如果我们赶不上火车,我们改乘轮船。
     b. 如果我们赶不上火车,改乘轮船。
     c. 如果赶不上火车,我们改乘轮船。
     d. 赶不上火车,改乘轮船。

主从小句连结中，可以出现控制小句省略，如例（59），完整的表述应是："如果每秒转十圈，风速是多少呢？"这里控制小句承前省略，其疑问语气保留，嫁接在次要小句末尾。甚至于控制小句和次要小句都省略，而只剩下从属连词和主要小句的疑问语气，如例（60），主要小句和从属小句所表达的信息都可以在上文获取。

(59) 风速表启发性地回答："风杯每秒转一圈，风速是每秒2.5米；<u>如果每秒转十圈呢？</u>"（CCL）
(60) "所以我根本不担心这类问题。""<u>万一呢？</u>"（邢福义 2001：526）

并列关系和主从关系小句连结在省略方面的这种区别仍是配列关系的选择与语篇信息发展息息相关的体现。

6.5 小　结

上文我们从人际功能、经验功能和语篇功能的角度出发，探讨了配列关系选择在小句动态复合过程中的不同词汇语法体现，进行了并列关系和主从关系的类型划分。其中，人际功能区分部分我们借鉴了 Verstraete（2007）关于小句连结的类型学研究成果。需要注意的是，Verstraete（2007）并不赞同渐变的观点，也就是说，他归纳出并列关系和主从关系的四种结构类型，是区别于以往并列主从二分以及并列主从渐变这两种观点的。我们认为，从人际语法的角度着手探讨并列与主从的类型划分是 Verstraete（2007）在小句联结研究方面做出的重要贡献，然而，Verstraete（2007）所构建的小句联结人际语法类型学有其局限性。他没有对前后小句都使用了连接词语的小句复体进行分析，从而前后都使用了连接词语的小句复合体在他所归纳的四个结构中难以找到合适的位置。这其中的关键主要是由于 Verstraete（2007）否认并列与主从类型之间的渐变特点所导致的。同时，在日常交际过程中，小句复合体是动态性的小句重复现象，经验意义和语篇意义与人际意义一样在逻辑结构中发挥着它们的作用。接下来的一章，我们将结合渐变群的思想来讨论配列关系的渐变体现。

第 7 章　小句复合的渐变体现

7.1　引　言

上面第 4 章我们已经初步介绍了小句复合体在整个语言系统中的位置，即，小句复合体是在词汇语法层，主要由概念功能下的逻辑功能所产生，是级阶上的小句的复合。小句复合体中的小句间的语法关系表现为配列关系。第 6 章专门对配列关系的划分即并列关系和主从关系的区分问题进行了系统功能语言学视角探讨。根据 Halliday & Matthiessen（1999），一个范畴有其典型性特征，具有典型性特征的类聚集形成范畴的中心区域（core area）；一个范畴同时也有非典型特征，又称为边缘性的（peripheral）特征。系统功能语言学既重视范畴的典型性特征，同时也关注范畴的非典型性特征，这种互补的方法 Martin & Matthiessen（1991/2010）称之为类型学与拓扑学相结合的视角（typological-topological perspective）。具体而言，根据典型性特征进行选择和分类并构建系统进而形成系统网络，采取的是类型学的方法；而拓扑学关注范畴之间的渐变趋势,"是关乎范畴成员之间的相近程度高低而建立的标准"(A topology, …, is A SET OF CRITEIA FOR ESTABLISHING DEGREES OF NEARNESS OR PROXIMITY AMONG THE MEMBERS OF SOME CATEEGORY)(Lemke 未发表,转引自 Martin & Matthiessen 1991/2010:195)。

本书的第4~6章对汉语小句复合体的论述都是基于类型学的视角进行的,接下来,本章将采用拓扑学的视角,探讨小句复合现象中的渐变体现,纳入动态的(dynamic)、系统的、进化的(evolutional)观点,在整个语言系统中讨论小句复合现象,以提供一个静态与动态相结合的、系统的功能角度分析与解释。

7.2 小句复合连续统的功能阐释

我们所说的拓扑学的视角,实质上是借用数学术语来解释 Halliday(1961/2007)提出的渐变群(cline)的观点,进而成为一种语言学理论方法。接下来我们先简要概括 Halliday 关于渐变群和连续统(continuum)的观点,接着再具体归纳系统功能语言学家和学者们对小句复合渐变体现的相关论述。

7.2.1 渐变群与连续统

Halliday(1996/2007)认为,不确定性(indeterminacy)是语法内在的、必定的特征。语法现象中存在大量的不确定性,这些不确定性分为三类,渐变群是其中之一。渐变群是指明确的语义特征不是分散独立的,而是以一种连续不断的变体形式出现的,从核心区域到周边区域,是"可无限分级的连

第 7 章 小句复合的渐变体现

续体"（Halliday 1961/2007：42）。复杂的人类经验识解为意义，进而又在语法构建过程中体现出来。首先，假定语法是界限分明的、非连续的，把相似的归为一类，确定出各类范畴；同时，将这些范畴识解为模糊的集，相邻的范畴之间是连续的，存在不确定性，语法将这些不确定性一一呈现出来。如，自然光光谱（经验现象）先可以人为地划分出七种颜色（语义范畴），这七种颜色用语言符号"红、橙、黄、绿、蓝、靛、紫"体现出来；同时，这七种颜色分别是近似的颜色组成的色区，如红色包括深红色、大红色、粉红色、浅红色等，而且相连的两个色区之间并不是泾渭分明的，而是逐渐过渡变化的，这种渐变群可以用精密度更高的形式体现。首先确定出各类范畴旨在创建出理论框架，以方便研究语言现象，同时承认语法的不确定性特征是为了深入研究语言现象，二者是相辅相成的。

接下来我们简略回顾 cline 与 continuum 这两个术语的发展轨迹。在早期的阶与范畴语法阶段，cline 和 continuum 是同义替换的关系，Halliday（1961/2007）用 continuum 来解释 cline。此后 Halliday 逐渐形成语义观和层次的思想，他结合 Hjelmslev 的观点，认为自然语言是多层次的，分为实体层和表达层，成人语言实体层又分为语义层和语法层，表达层则是音系层/字系层。各个层次之间是体现（realisation）的关系，语义层由词汇语法层体现，词汇语法层由音系层/字系层体现（Halliday & Matthiessen 2004/2008）。之后，Halliday（1996/2007）解释渐变群现象时，举例分析"force"。他说："from strong to mild, realized as a continuum from wide to narrow pitch movement."从这里我们可以推断，Halliday 已有倾向将 cline 和 continuum 分别归入实体层和表达层的范畴，二者之间是体现的关系，即 cline 由 continuum 体现；这一点我们也可以从 Halliday & Matthiessen（1999）的相关表述中得到印证。Halliday & Matthiessen（1999：32，46）多处使用"a cline in semantic space" "semantic cline"的表述，即 cline 是语义范畴。从而，我们认为，随着系统功能语言学理论的不断完善与发展，明确区分 cline 和 continuum 更适应现有的理论体系，而这两个范畴在汉语中也有对应的术语表述，分别为"渐变群"和"连续统"。本书区分了渐变群和连续统，渐变群为语义范畴，连续统为词汇语法范畴，二者之间是体现的关系。

7.2.2 小句复合连续统的相关论述

关于小句复合连续统的系统功能论述，我们主要从 Halliday（1979/2007，1985，1994/2000）、Halliday & Matthiessen（1999）、Matthiessen（2002）、Martin（1988/2010，1995/2010）和 Halliday & Matthiessen（2004/2008）来进行梳理归纳[①]。

7.2.2.1 Halliday（1979/2007，1985，1994/2000）

Halliday（1979/2007）主要从元功能的视角来分析小句与小句复合体连续统。他认为，一种语义关系可以通过不止一种方式来体现，如"and"关系可以在逻辑系统中来编码，表述为并列关系；也可以在语篇系统中通过连接来进行表达（215－216页）。

[①] Quirk et al.（1985）、Lehman（1988）、Hopper & Traugott（2003）对小句联结渐变问题进行了有益的探讨。本节主要关注系统功能语言学的相关分析。

功能方式	例句
(i) 逻辑的：并列	He sang, then people applauded, then…
(ii) 逻辑的：主从	After he had sung, people applauded.
(iii) 语篇的	(First) he sang. Afterwards, people applauded.
(iv) 经验的	Applause followed his song. /His song was followed by applause.

Halliday（1985，1994/2000）则主要从"信息的逐渐流失（gradual loss of information）"方面分析小句与小句复合体的渐变体现。Halliday认为，从自由小句到介词短语形成了一个连续统：

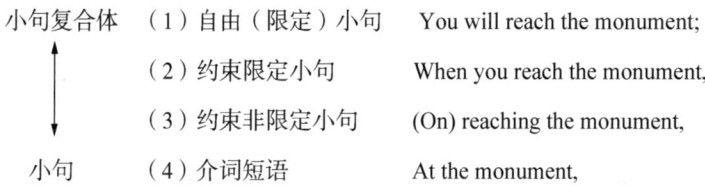

小句复合体	(1) 自由（限定）小句	You will reach the monument;
	(2) 约束限定小句	When you reach the monument,
	(3) 约束非限定小句	(On) reaching the monument,
小句	(4) 介词短语	At the monument,

Halliday具体分析呈现如下：①有及物性结构（过程+媒介）；自由语气，有主语和基本时态（System I）；②有及物性结构（过程+媒介）；依赖语气，有主语和缩减的（reduced）基本时态（System II）；③有及物性结构（有过程，无媒介）；没有语气，没有显性主语，没有基本时态（System III）；④没有及物性结构（只有次过程），没语气，没时态（参见Halliday 1994/2000：241）。根据Halliday的分析，我们整理出从并列关系的小句复合体到主从关系的小句复合体再到包含介词短

语的小句的连续统,如图7-1所示。

介词短语 ←——————————————→ 小句

　　　　　　　　　　　　ⅰ. 自由语气,基本时态

　　　　　　　　　ⅱ. 依赖语气,压缩的基本时态

　　　　ⅲ. 没有语气,没有基本时态,及物性结构变形

ⅳ. 没有时态,没有及物性结构

图7-1　小句与小句复合体的渐变体现等级

从Halliday对英语小句与小句复合体的渐变体现的描述,我们可以看出,Halliday主要是从人际意义和概念功能(更具体地讲是经验功能)两个方面来进行分析,并结合了相应的句法现象,为小句复合体的多功能分析奠定基础。

7.2.2.2　Halliday & Matthiessen (1999)

Halliday & Matthiessen (1999) 主要是从认知语义的角度来讨论语言的渐变体现,具体地说,是探讨语言的概念基块 (ideational base),基本的思想概括起来即是,概念基块由两大部分组成——经验部分和逻辑部分,这两个部分之间是互补的关系[①];概念基块同时又与其他元功能意义即人际基块与语篇基块相关联。

根据Halliday & Matthiessen (1999),经验现象分为成分、图形、序列三类,图形由成分组成,成分主要包括参与者、过

---

① Martin (1988/2010,1995/2010) 从经验意义和逻辑意义的互补的角度对主从结构进行了类型学的研究,本小节我们主要梳理拓扑学视角的分析,所以此处不独立列出。

程、环境成分和连接者;序列由图形组成。图形由必要成分——参与者与过程组成,也可以通过选择性成分——环境成分对图形进行内部扩充,这是经验功能在起作用;通过逻辑功能,图形也可以与图形连接组成序列;而在语篇机制下,两个独立的图形可以通过语义衔接与连贯产生意义关联。由于"语法所识解之前的经验量本身便是不确定的",图形和图形序列之间没有截然的界限,语法相应地体现"序列到图形的渐变群"(Halliday & Matthiessen 1999:118)。从包含环境成分的单个图形到两个图形构成的序列再到两个独立的图形,形成了一个渐变群,也就是含环境成分的小句与衔接的两个小句之间的连续统。如:

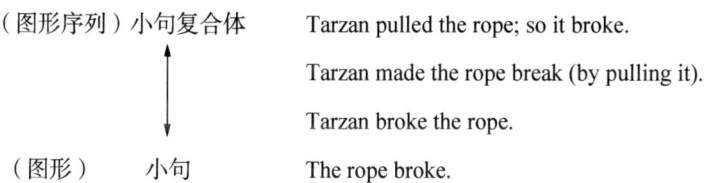

（图形序列）小句复合体　　Tarzan pulled the rope; so it broke.

　　　　　　　　　　　　Tarzan made the rope break (by pulling it).

　　　　　　　　　　　　Tarzan broke the rope.

（图形）　　小句　　　　The rope broke.

模糊逻辑强调概念基块的不确定性(参见 Halliday & Matthiessen 1999:35),序列关系处于不断进化当中。一类特定关系有一个核心,即是这类关系的原型呈现;但同时也有更多边缘的现象呈现以及此类与彼类交错的"灰色地带"。Halliday & Matthiessen(1999:104)指出,第四个概念基块呈现的挑战关涉于识解语义空间的不同系统的非离散性/关联性。通过系统网络中的系统特征所体现的语义类型并非如同亚里士多德式离散的范畴所构成,而是语义渐变群上的不同的值,用语义空间的隐喻来说,是核心范畴。我们可以通过采用拓扑学的观点来使之得以呈现,也可以探索解释这些特征为模糊的集的可能性（Halliday & Matthiessen 1999：46）。

7.2.2.3 Matthiessen（2002）

基于语言系统是典型的、有着明显区别特征的原型范畴与渐变的边缘范畴的结合的理念，Matthiessen（2002）从多功能的角度对小句复合的渐变体现进行了翔实的描写与分析，梳理出小句复合的渐变趋势如下：

含环境成分的小句＞主从小句连结＞并列小句连结＞衔接的两个小句：有连接词语标记＞衔接的两个小句：无连接词语标记

Matthiessen 指出这个渐变趋势是具有代表性的（iconic），语法识解结构的整合程度就越高；信息变量的结合程度越高，反之，语法识解结构越松散，信息变量特征就越明显。

在描述小句复合的渐变趋势时，Matthiessen（2002）强调概念功能的作用，他认为这个渐变趋势的核心因素是共同作为人类经验识解的逻辑功能与经验功能的互补性（the complementarity of the logical and the experiential as modes of construing human experience）（307页）。与此同时，Matthiessen 指出，人际功能和语篇功能同样也起作用。由此，从概念功能方面来讲，小句复合的渐变群是过程之间与单个过程的经验特征的渐变。从人际功能方面来讲，是争辩性的渐变，即，由一个命题或建议（环境成分是命题或建议里的状语）到两个人际独立的命题或建议；人际语义的渐变与配列关系的渐变有着密切关联，在这个渐变之中，并列意味着这两个命题或建议仍然独立，其中一个有可能出现结构省略，而主从意味着从属小句没有原型命题或建议的地位，从属小句偏离了会话交际的主线，没有语气变化，可以是非限定或限定小句（结构上像陈述小句)。从语篇功能上看,这个渐变群是信息凸显和集中的渐变(informational prominence and density),渐变群的一端是一条信息,只有一个主位结构,另一端,是两条信息,有两套主位结构。Matthiessen 指出,环境成分可以在主位位置出现,是标记性的主位,常常可以单独获得信息单位地位,小句的剩余部分则是另一个信息单位;而主从关系小句复合体中,从属小句本身可以主位化。从而,一些环境成分靠近小句过程核心,而一些环境成分类似于主从小句连结中的非限定从属小句;相应地,依赖小句的范围又从依赖于主要小句而获取一些特征的非限定小句延伸到原则上本身能独立的限定小句;同时,其中一些限定依赖小句又处于并列关联的小句边缘;而一些并列关联的小句又处于衔接连接的边缘。而通过语法隐喻,可以继续拉长这个渐变群,如名词化的环境成分处于一般环境成分和主从依赖小句的中间地带(274 – 275 页)。

7.2.2.4　Halliday & Matthiessen（2004/2008）

Halliday & Matthiessen（2004/2008）是 Matthiessen 在 Halliday 前两版《功能语法导论》的基础上的修订版,它在小句复合体这一章节同时借鉴了当代语言学流派相关的观点[如 Hopper & Traugott（2003）的语法化研究],内容更为充实。

情景扩充,是指通过增添环境成分来进行小句内部的扩充。配列扩充,是指级阶上的小句彼此关联产生小句连结的现象,是通过对一个小句添加另一小句使之发生语义关联而进行的外部扩充,是相同单位的线性递归构成的单变量结构。连接联系则是一个独立小句与另一个独立小句通过语义衔接手段而相互关联。从元功能角度来说,情景扩充关涉的是语言的经验功能,配列扩充主要是语言的逻辑功能在起作用,连接联系则是语言的语篇功能在起作用。情景扩充是通过添加环境成分进行小句内部的扩充,环境成分是小句经验功能结构中的一部分;配列扩充是通过添加另一小句来进行外部扩充,是相同单位的重复;而连接联系是结构上完全独立、语义上彼此关联的两个自由小句的衔接。

情景扩充、配列扩充和连接联系不是截然不同的,而是渐变的,在词汇语法层体现为单个小句与衔接的两个独立小句的连续统,即"含环境成分的小句＜主从小句连结＜并列小句连结＜衔接的两个独立小句",含环境成分的单个小句和衔接的两个独立小句分别处于连续统的两端(poles),小句复合体处于二者中间地带,主从关系小句复合体靠近含环境成分的单个小句这端,并列关系小句复合体则靠近两个独立小句这端。如图7-2所示。

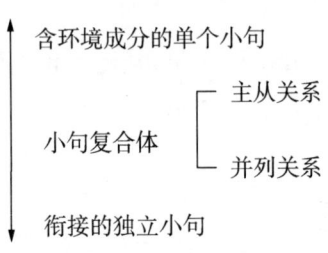

图7-2 小句和小句复合体连续统

同时,从级阶上看,动词词组连结位于小句连结和动词词组中间:动词词组识解一个事件,小句连结识解两个明显的过程;动词词组连结识解一个过程,而这个过程由两个事件组成,这为说话人识解他们的经验提供了不同的选择(Halliday & Matthiessen 2004/2008:522)。比如,识解原因关系的策略形成一个阶(scale):

（ⅰ）小句连结，并列的中动①小句：the fuse was overloaded, so it blew.

（ⅱ）小句连结，主从的中动小句：because the fuse was overloaded, it blew.

（ⅲ）动词词组连结，使动小句：overloading caused the fuse to blow.

（ⅳ）动词词组，使动小句：overloading blew the fuse.

这些例句显示了语法是如何通过一系列的策略为我们提供了识解事件流的灵活性，从（ⅰ）（ⅱ）中纯粹的逻辑功能到（ⅲ）中逻辑功能与经验功能共同作用再到（ⅳ）中单一的经验功能，这些策略都来自于概念功能。当语法系统随着时间进化，产生新的选择，典型的是级阶上的降级，从而动词词组复合体常常是动词词组的来源，词组复合体逐渐压缩成单个的词组，作为这个过程的一部分，实义动词从作为动词词组代表的事件重构为单个动词词组中充当助动词的语法动词。动词词组与动词词组复合体之间难以划出清晰的界限，而动词词组复合体与小句复合体之间同样难以一刀切（参见图7–3）。

为此，关于动词词组、动词词组复合体与小句复合体的这种模糊性特征，Halliday & Matthiessen（2004/2008）提出从三个视角（trinocular perspective）分别来分析："从上往下"看，是陈述一个事件还是两个单独的事件；"从外到内"看，是一个动词词组还是两个，比如是一个极性的对比还是两个；"自

---

① 根据 Halliday & Matthiessen（2004/2008），中动和使动同属于小句的施为系统概念，动因在小句中由施事者呈现时，为使动式，动因在小句中没有作为过程的参与者呈现时，则为中动式。

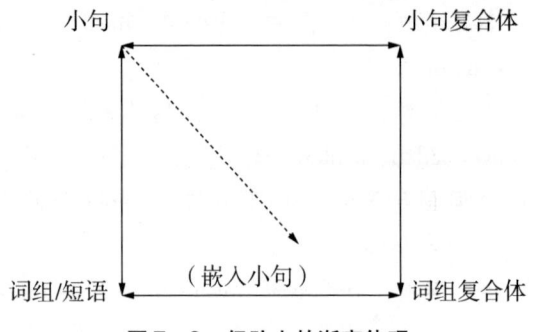

图 7-3 级阶上的渐变体现

下而上"看,这个单位在语音上是不是非凸显的,如果是的话,在语音体现形式上能否缩减。

总而言之,小句与小句复合体的渐变体现不是单向的,会出现小句与小句复合体连续现象是由于作为现实体验表述的概念功能的两个分支——逻辑功能和经验功能的互补性。

7.2.2.5　Halliday & McDonald (2004)

上面我们简单梳理了系统功能语言学家或学者关于英语小句与小句复合体连续现象的研究,而在汉语适应性研究方面,Halliday & McDonald (2004) 涉及相关的描写与分析。

Halliday & McDonald 认为,发生 (happenings) 首先与时空关联 (时体和相位),其次是互相关联得以解释,发生与他们的经验环境之间分为 7 个等级:

第一,通过相位系统将发生定位于半语法化的空间(趋向)或时间(结果)系统中,过程以"事件+延展部分(event + extension)"的结构出现。相位系统尚未完全语法化,其内部的语法化程度也有高有低。事件可以分解为两个连续的瞬间,是语法化程度较低的相位类型,如"开始/继续"表达时间相位或过程方位。和英语的情况一样,位于所关联的事件之前，如"继续开车"。

Halliday & McDonald 更强调递归性的经验识解，即事件与事件之间的关联，这更为复杂。他们认为汉语传统语法所说的"连动结构"仅仅反映发生在语法上可以关联，实际上这些结构在形式构造方面有高度的组织性，在相互依赖程度上有所不同，从而继续划分出以下的等级。

第二，发生与发生作为次过程和主过程关联，如作为次过程的环境成分修饰主过程。

第三，过程后跟随描写属性，这时这个过程有如名词化一样失去活性（deactivated）。这个过程可以重复，如"开车开-①得很快"，但这个结构并不是两个小句，重复的动词是同一动词的再现，是其本身的代用形（pro-form）。

第四，主过程跟随次过程，次过程表述结果。如"开车到市场去"，小句末尾是非连续性的后动词，主过程同样可以重复，如"开车开到市场去"。

第五，第三种和第一种的结合，如"开-得那么快开-错了路"，过程仍可以重复，有时超过两次。如"开车开-得那么快开-错了路"。Halliday & McDonald 更倾向于将这分析为两个小句，它们之间的逻辑关系是并列增强。

第六，两个发生，其中一个发生显性作为另一个发生的结果，如"开车开-得我们都赶-不-上"。Halliday & McDonald 认为是清晰的两个过程，第二个是结果增强小句，动词常常以结果相位形式出现，也可以说成"快-得我们都赶-不-上"。

---

① 本小节例句皆来自于 Halliday & McDonald（2004），同时保留其原有的符号"-"。

第七，两个发生以小句复合体形式关联，可以是非标记的并列关系，如"车开-得那么快我们都赶-不-上"；或第二个小句是标记性的，"所以……"；或者是主从关系的，"因为车开-得那么快我们就都赶-不-上"。

Halliday & McDonald 指出，这一系列的形式为一个发生与另一个发生之间的语法关系提供了丰富的资源，这与上文 Halliday & Matthiesen（2004/2008）所说的动词词组、动词词组连结与小句连结的连续趋势异曲同工。然而，对于其中的术语使用，我们认为有必要在系统上保持一致。一致式的情况下，事件由动词词组体现，实体（事物）由名词词组体现；发生相当于事件，在交际层面，过程对应于小句，一个过程（小句）可以是一个发生/事件（由一个动词词组体现），也可以是两个发生/事件（一个动词词组复合体）。因此，我们认为，前面的第五等级是由相同的一个动词体现的两个过程的关联，不应单独列为一个等级，而应该看成是与第七等级一样，是小句复合体体现的两个过程联结。同时，关于第六等级中的现象，Halliday & McDonald 指出是两个过程，但没有说明这两个过程之间的关系。我们认为第六等级与第七等级确实存在不同，第六等级是一个过程对另一过程的嵌入扩充，是区别于线性递归的嵌入递归，整体上看是含嵌入小句的单个小句，这个小句同样可以继续递归下去，如"车开得快得我们都赶不上"。

由于篇幅与精力有限，我们主要关注成分与过程的渐变体现以及小句复合体的内部渐变体现（即并列与主从小句复合体连续统），并适当涉及衔接连接。

7.3 汉语小句复合连续统

本小节，我们将从元功能、层次和词汇语法的互补三个方面来看小句复合体的渐变体现。

7.3.1 元功能的视角

元功能理论是系统功能语言学的六个重要思想之一（胡壮麟等 2005）。小句可以同时体现概念功能、人际功能与语篇功能，如 Halliday（1994/2000）所说的"三股绳"，这三种元功能有各自的体现形式，在进行分析时，一般采取逐个分析的方法。上文我们分别从人际功能、概念功能和语篇功能探讨了小句复合体的配列关系划分问题，即是基于这种考虑。然而，小句复合体是小句的递归性产物，在实际交流过程中呈现动态性的特征，小句复合过程中，三大元功能并非是完全独立地起作用，而是多功能共同作用；三大元功能之间也并不总是均衡地起作用，而很可能凸显其中一种或两种功能。

7.3.1.1 增强：衔接＞配列（并列＞主从）＞成分

从人际功能的角度来看，小句复合呈现渐变的趋势，主要体现在次要小句从自由选择语气到没有语气选择（Halliday 1994/2000），如：

(1) a. <u>赶不上火车了</u>。我们改乘轮船。
  b. <u>赶不上火车了</u>，我们改乘轮船。
  c. <u>因为赶不上火车了</u>，我们改乘轮船。
  d. <u>因为赶不上火车</u>，我们改乘轮船。

e. 赶不上火车，我们改乘轮船。
f. <u>在赶不上火车的情况下</u>，我们改乘轮船。

上述例句组（1）呈现出语气渐变的趋势。（1a）中是衔接的两个独立小句，各自具有自由语气，体现两个独立的命题。（1b）中次要小句（由下画线标示出）是自由语气，这个小句可以独立，整个小句复合体可以转化成衔接的两个独立小句，如（1a）。与（1b）相比，（1c）的次要小句前有从属连词"因为"①，使其由自由小句转变为约束小句，是约束语气；也就是说，单独看小句本身，这个小句潜势上可以独立，其句尾有陈述语气词"了"，但由于从属连词的附着②，这个小句不复独立，而需要依赖于主要小句而存在（参见 Halliday 1994/2000：238）。（1d）和（1e）相较于（1c），次要小句句尾没有陈述语气词"了"，其本身没有语气选择，是个彻底的依赖小句，其从属地位不需要通过从属连词也可以体现出来，如（1e），从属连词也可以出现在其句首，如（1d）。而（1f）画线部分中的小句具有嵌入性质。这一组例句呈现了从独立的自由语气小句到从属连词的运用使独立小句不复独立的从属小句再到小句本身不独立的从属小句（有从属连词和无从属连词）和嵌入小句的渐变，如表7-1所示。

---

① 从语法上来看，连词不属于小句内部结构；但从小句复合体的角度来看，连词起着关联前后两个小句的作用，在配列关系的选择上有其作用，而且在逻辑语义方面也发挥其作用；从形式上看，连词是在次要小句句首。因而，单独看一个小句本身，我们不包括连词在内；而整体上分析时，我们也将连词考虑其中。

② 从这个角度来看，连词与人际功能有千丝万缕的联系。

表7-1 人际语气在小句复合中的渐变体现

语气		衔接 [非结构性的]	配列关系[小句复合体]		嵌入[小句]
			并列关系	主从关系	(级转移)
自由小句		赶不上火车了。我们改乘轮船。	赶不上火车了,我们改乘轮船。	—	—
约束小句	约束语气	—	—	因为赶不上火车了,我们改乘轮船。	—
	没有语气	—	—	因为赶不上火车,我们改乘轮船。	在赶不上火车的情况下,我们改乘轮船。

从这个角度来看,汉语小句似乎也不是绝对地没有类似于英语小句的限定和非限定之分(有联系,但不同于自由与约束之分)。根据Halliday(1994/2000),限定小句与非限定小句的区别在限定小句有限定成分,而限定成分主要有基本时态与情态两方面的选择。通过限定成分,小句与说话时刻或情态关联起来,从而使之具有争辩性,在潜势上具有独立体现一个人际语步的功能,如(2d)。

相应地,非限定小句没有基本时态与情态选择,不能独立承担语步功能,如(2a)。而(2b)、(2c)介乎于(2a)和(2d)之间。(2c)为限定小句,具有独立体现语步的潜势,但由于从属连词的运用,使其丢失自由性。(2b)是非限定小句,不能独立成句。

(2) a. <u>Not wanting to offend</u>, Mary kept quiet. (Halliday 1994/2000: 240)

b. Because not wanting to offend, Mary kept quiet.
c. Because she did not want to offend, Mary kept quiet.
（Halliday 1994/2000：240）
d. Mary did not want to offend; she kept quiet.

上述（1b）和（1e）类似于（2d）和（2a），前者是限定小句，后者是非限定小句，（1c）类同于（2c），（1d）相似于（2b）。只不过，汉语小句与说话时刻的关联不是如同英语小句主要体现于谓语动词的屈折变化一般，而是主要通过小句语气词来体现。然而，汉语语气词很少是专职语气词，因而一般认为汉语小句没有限定与非限定之分（参见 胡壮麟 1990/2008）。

从概念功能的角度来看，是看表达多少经验意义。衔接的两个小句和小句复合体都有两个过程，而含环境成分的小句只有一个过程，同时，环境成分和非限定的依赖小句一样，也没有语气选择，从过程类到环境成分类是过程的经验特征的去渐变化（declinisation）（杨炳钧 2003）。

（3）在回家的路上，秀花暗自打定主意，今天这件事，对谁也不说。

一路上，	环境成分
回家路上，	环境成分
回家的路上，	环境成分
在回家的路上，	环境成分
走在回家的路上，	图形
秀花走在回家的路上，	图形

以例（3）中"在回家的路上"为起点，向上逐渐减少组成成分，去掉介词"在"变成含一个嵌入小句充当修饰语的

名词词组"回家的路上";进而去掉从属关系小品词"的",变成"回家路上",使得嵌入小句直接修饰名词词组;再去掉嵌入小句充当的修饰语,为简单形式的名词词组"一路上"。同时,我们可以以"在回家的路上"为起点,向下逐渐增强成分,添加动词"走",体现过程;添加名词词组"秀花"和动词"走",分别体现参与者与过程,与此同时,介词短语"在回家的路上"充当参与者成分。通过增加/减少成分,我们可以发现,越往上端延伸,环境成分的特征越明显,整个单位越可能是单个小句;越往下端,图形的特征越明显,和后面的部分一起构成小句复合体;同时这组例句也证实了宏观环境成分与参与者之间存在一定的模糊性。整体上,从下往上看,体现出"信息流失的渐进过程"(Halliday 1994/2000:24)。

小句复合体也呈现渐变的趋势,我们可以从连接者的使用方面来看,主要体现于主从关系小句复合体内部的渐变趋势上。

(4) a. 赶不上火车,我们改乘轮船。
　　b. 赶不上火车,我们<u>就</u>改乘轮船。
　　c. 赶不上火车<u>的话</u>,我们改乘轮船。
　　d. <u>如果</u>赶不上火车,我们改乘轮船。
　　e. <u>如果</u>赶不上火车<u>的话</u>,我们改乘轮船。

上例中,(4a) 中从属小句没有任何关联标记,(4b) 通过控制小句的连接词语"就"来体现其主要地位,(4c) 中从属小句句尾有从属连接词语"的话",(4d) 从属小句句首有连接词语"如果",(4e) 的从属小句中,小句首尾分别有连接词语"如果""的话"。从 (4a) 到 (4e),从连接词语来看，体现出由主从关系隐现逐渐到主从关系凸显的渐变化趋势。而根据 Halliday & Matthiessen（1999：302），汉语主从关系小句复合体的出现频率也呈现渐变趋势：

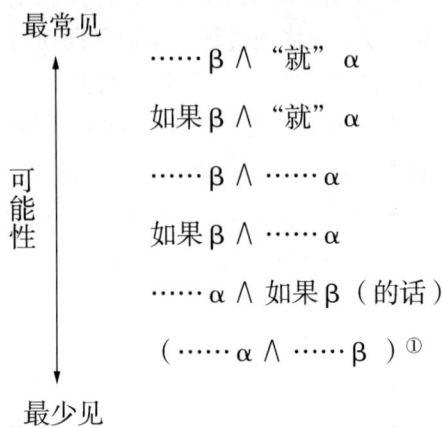

从语篇功能来看，主要体现在主位的渐变上。

(5) a. 我们赶不上火车了，我们改乘轮船。
  b. 因为我们赶不上火车，我们改乘轮船。
  c. 我们赶不上火车，我们改乘轮船。
  d. 赶不上火车，我们改乘轮船。
  e. 我们因为赶不上火车才改乘轮船。

  (5a) 是并列关系小句复合体，起始小句和继续小句各有

---

① ……α∧……β 的排序在汉语中很少见，表原因条件、时空的主从增强扩展时，β 小句后置时往往要求有从属连词，表方式的主从增强扩展和主从详述有可能以这种排序出现。

其主位，分别为小句的发展提供了"信息出发点"（Halliday 1994/2000），形式上同时体现为"我们"。(5b)、(5c) 和 (5d) 是主从关系小句复合体，由于从属小句可以"主位化"，主从关系小句复合体潜势上有两种主位划分，即，如同并列关系小句复合体一样，两个小句分别分析出主位。如(5c)，可以像 (5a) 那样两个小句分别分析出各自的主位"我们"，也可以将次要小句分析为整个小句复合体的主位，即小句主位"我们赶不上火车"。(5b) 中次要小句的主位是语篇主位 (textual theme) "因为"和主题主位 (topical theme) "我们"；(5c) 是主题主位"我们"；(5d) 主题主位"我们"隐现，结合其出现的语境，我们可以只分析出小句主位"赶不上火车"；(5d) 整体上只有一个主位"我们"。从两个主位到逐渐变化的小句主位再到一个主位，语篇主位选择上呈现渐变趋势。

Matthiessen (1992) 指出，"语篇功能的体现形式既与概念功能的体现形式重叠，又与人际功能的体现形式相似。具体地说，作为语篇功能体现形式之一的主位结构，与概念功能的体现形式——及物性系统关系密切，都与小句由哪些成分构成以及这些成分以何种次序出现有关。而作为语篇功能另一种体现形式的重音突出 (prominence)，又与人际功能的体现形式——韵律 (prosody) 结构有关"（转引自朱永生、严世清 2001：42-43）。McDonald（1992：453）认为汉语中副动词 (coverb) 和连系后动词 (linking postverb) 具有"引导'注意中心'（introducing the 'centre of attention'）"的信息功能；但由于这个系统是在经验功能内作用并与其他经验结构形成了对比，他将这类词归入经验标记的一类；可以将他们所标记的成分由靠近句首移至句尾，使之从旧信息成为新信息。汉语中，介词主要来源于动词，有些介词仍然或多或少地保留着原有动词的语法性质，这时，语篇信息结构安排起着重要作用。

(6) a. 金黄色的麦捆<u>像一座座排列得整齐的帐篷似的</u>堆满在田野上。
   b. 金黄色的麦捆，像一座座排列得整齐的帐蓬似的，堆满在田野上。（管桦《葛梅》）
   c. <u>像一座座排列得整齐的帐篷似的</u>，金黄色的麦捆堆满在田野上。
   d. 金黄色的麦捆堆满在田野上，<u>像一座座排列得整齐的帐篷似的</u>。

以上这组例句，(6a) 中"像一座座排列得整齐的帐篷似的"处于典型的状语位置，即主语后、谓语前，而且与前后成分之间没有韵律停顿；(6b) 中则没有韵律停顿。该画线部分在 (6c) 中则位于句首，与后面的部分有语音停顿，在 (6d) 中则处于句尾，与前面部分也有韵律停顿。同时，(6) 中的四个例句分别体现了经验意义上图形的渐变。从经验功能上看，一个图形由过程、参与者以及环境成分构成，其中，过程是核心，围绕着核心过程的是参与者，外围的则是环境成分。根据环境成分与核心过程的紧密程度，环境成分又分为内向的 (inner) 和外向的 (outer)，外向环境成分一般由介词短语充当，有同源的小句形式共享类似的逻辑语义关系。外向环境成分与过程的语义距离越远，环境成分就越偏离图形范围，偏离到一定程度就独自表述为另一个图形，从而形成"内向的环境成分＜外向的环境成分＜从属小句"的连续统（参见 Halliday & Matthiessen 1999；Halliday & Matthiessen 2004/2008）。例 (6) 的四个例句中画线部分便体现了外向的环境成分与从属小句的渐变，(6c)中"像一座座排列得整齐的帐篷似的"不再是图形"金黄色的麦捆堆满在田野上"的修饰性的环境成分，而是对其进行描述性的扩展，在这个图形的基础上形成新的图形，形成图形序列。结合语篇信息的角度看，(6a)(6b)中，"像一座座排列得整齐的帐篷似的"既不在主位位置，也不在非标记性的新信息位置，而在(6c)中占据主位位置，是信息的出发点，在(6d)中则出现于句尾，而句尾是非标记性的新信息位置。也就是说，比况结构"像一座座排列得整齐的帐篷似的"由(6a)(6b)中近距离地修饰核心过程，到(6b)中远离核心过程，再到(6c)中形成新的图形，与语篇信息安排也是息息相关的。

上面我们从多功能的角度分析了从衔接关系的两个小句到并列关系小句复合体和主从关系小句复合体再到含环境成分的单个小句连续统，下面以原因现象为例，将这个渐变趋势分析图示如下：

		语篇	人际	逻辑	经验
衔接的小句	小王生病了。小王没有去学校。	词汇重复	自由小句+自由小句		
	小王生病了。他没有去学校。	指称照应	自由小句+自由小句		
	小王生病了。所以他没有去学校。	连接	自由小句+自由小句		
并列关系	小王生病了，他没有去学校。		自由小句+自由小句		
	小王生病了，所以他没有去学校。		自由小句[语气受限]		
主从关系	因为小王生病了，他没有去学校。		依赖小句+自由小句;	+从属连词	
	因为小王生病了，所以他没有去学校。		依赖小句+自由小句[语气受限];	+从属连词	
	因为生病了，他没有去学校。		依赖小句+自由小句;	+从属连词	参与者隐现
	因为生了病，他没有去学校。		依赖小句[本身不自由]+自由小句;	+从属连词	参与者隐现
	生了病，他没有去学校。		依赖小句[本身不自由]+自由小句;		参与者隐现
	因为生了病的缘故，他没有去学校。				
	生了病的缘故，他没有去学校。				
单个小句	单个小句　因为他的缘故，小王没有去学校。				
	因为他，小王没有去学校。				

7.3.1.2 详述/延伸：并列＞主从……＞嵌入

上一小节我们结合元功能分析了小句复合体的渐变体现，集中讨论了并列与主从增强扩展小句复合体连续统。事实表明，在并列与主从小句复合体连续统中，三大元功能是相互影响与相互作用的。这一小节我们主要探讨详述与延伸扩展小句复合体的渐变过程。

(7) a. 我是和尚，我是从京里来的。
    b. 我是和尚，是从京里来的。
    c. 我是和尚，<u>从京里来的</u>。（黎锦熙、刘世儒《汉语语法教材（第三编）》）
    d. 我是<u>从京里来的</u>和尚。

(7a) 中起始小句和继续小句一起构成并列关系小句复合体，其中的继续小句，从人际意义上看，是陈述语气小句，可以转换成疑问语气小句"你是从京里来的吗？"，与起始小句之间地位平等，都具有独立成句的潜势，可以转换为衔接的两个独立小句："我是和尚。我是从京里来的。""是"表强调，小句末尾有"的"与之相呼应，是汉语中表肯定陈述语气[①]的一种格式之一（参见 Chao 1968/2004，吕叔湘等 1995）。从概念意义上看，这个小句的及物性结构完整，包括过程、媒介和

[①] 系统功能语法是语义驱动（semantic-driven）的（黄国文 2007），而语法同时被视为是源泉（Matthiessen & Halliday 1979/2010），为语义表述提供了各种可能性。汉语中，"的"有多种语法分析，用以来体现不同的语义表述。我们注意到以下情形可以视为"的 + N"的省略表述：

(8) a. 劳动者有下列情形之一的，用人单位可以解除劳动合同。（《劳动法》第二十五条）
b. 对于外国人犯罪应当追究刑事责任的，适用本法的规定。（《刑事诉讼法》第十二条）

(8a)"的"相当于"的话"，表假设情况；由于法律条文这种体裁的严肃性，又往往是以文本语篇存在，而"的话"多用于口头语篇，大概出于这种考虑，而只是用"的"来代替表述。与此同时，"的"主要用作结构助词，因而有学者提出是后置关系小句，其结构为"NP +（VP + 的）"，是名词短语充当的话题（参见 董秀芳 2003），这样一来，(8a) 便是一个小句，而不是小句复合体。如果是名词短语充当话题，前面完全可以出现介词，然而，(8b) 却很难分析为"PP + NP（+ VP + 的）"的结构，我们不能切分为"｛对于 pp［外国人 np（犯罪应当追究刑事责任 vp 的）］｝"，而分析为"对于外国人犯罪应当追究刑事责任的案例"，因为法律条文的语场，读者很容易理解出。从而，也进一步说明：①语义是语法分析的基础，一致或类似的形式也有可能产生不同的语法分析结果；②语法分析的语境/语类考虑，语场、语旨、语式也对语法分析有影响，如 Halliday（1994/2000：403）所言，由一种特定的情境语境特征所预言（would be predicted by a particular configuration of the features of the context of situation）。董秀芳（2003）也指出，"NP +（VP + 的）"在句中经常作话题，而且必须出现于假设语境，这表明话题和述题之间蕴含有假设关系，这就为"的"发展为表示逻辑关系的功能词提供了可能。

环境成分，起始小句和继续小句之间存在着逻辑语义关系，继续小句在起始小句的基础上进行语义添加，是对起始小句的延伸扩展；从语篇意义上看，继续小句延续使用起始小句的主位"我"，在形式上通过词汇重复来关联。相比较而言，(7b) 的继续小句"是……的"是强调陈述形式，但及物性结构中，有过程，而没有出现媒介，主题主位相应隐现。虽然从语义上我们完全可以解释为承前省略，但小句独立性有所减弱，不能单独成句，我们不能只说"*是从京里来的"。而（7c）信息进一步流失，有及物性结构，媒介同样没出现，表强调的"是"脱落，不能直接将媒介显性化，"*我从京里来的"。画线部分这个以"的"结尾的小句与前面的小句之间的关系存在模糊性：我们可以理解为是 (7b)"是……的"形式省略了"是"，这样的话，画线部分仍是一个小句，整体上，继续小句对起始小句进行语义添加；然而，从语义上看，我们也可以将画线部分看成是对前面小句中的参与者"和尚"的进一步解释，如此一来，画线部分是对前面小句的详述扩展。因而，从两个小句之间的语义类型上看，(7d) 和（7c）一样是详述扩展，不过 (7d) 的画线部分是个典型的嵌入小句，没有语气，及物性结构变形，媒介不能在形式上体现出来，这个嵌入小句位于所限定的中心语前面，从属结构助词"的"标示了它的依赖地位，类似于英语中的限定性关系小句，(7c) 则类似于英语中的非限定关系小句。根据 Halliday（1994/2000：398），"详述扩展所指向的范围从并列关系到主从关系有所不同，并列关系的详述中，继续小句是对整个起始小句进行解释，而主从关系既可以是对整个起始小句或起始小句的一部分甚至一个参与者进行解释"，(7c) 的画线部分是对前面小句的参与者进行详述扩展，从而（7c）的画线部分小句更倾向于是并列关系而不是主从关系。总体上说,(7)中的四个例句之间并不是截然划分出界限,在逻辑语义的详述与延伸方面、并列到主从再到环境成分方面都是渐变的趋势。

7.3.2 层次的视角

系统功能语言学认为,语言是多层次的系统,成人语言包括三个层次,语义层、语法层与语音层,其中,语义层和语法层是实体层,语音层是表达层,层次之间是体现的关系。小句复合体是处于语法层。本小节,我们将结合层次的观点来看小句复合的渐变体现,主要关注小句复合体与动词词组复合体之间的连续统现象。需要说明的一点是,我们所说的从元功能的视角来看、从层次的角度来看,不是截然的互相排斥的,而是基于不同的视角来分析语言现象,因为语言是多系统的系统,因而,从层次的视角出发必要时也将会涉及元功能的分析。

7.3.2.1 并列小句复合体>并列动词词组复合体

在第6章我们指出,汉语传统语法中所说的联合复句中的合用连接词语,比如"既……又……"等等,与偏正复句中的连接词语,比如"虽然……但是……"等等并不是同一种性质,"既……又……"与"虽然……但是……"的区别在于,"虽然"是从属连词,"既"不是表从属关系的连接词语。接下来我们将从渐变群的角度对"既……又……"现象进行分析,从而解释其中的原因。由于动词词组复合体是一个复杂的范畴,而本书主要关注小句复合体,鉴于此,本书的切入点在于小句复合体与动词词组复合体的渐变体现。

(9) 小王聪明,又能干。

根据层次的观点,我们有"从上至下""从外到内"和"自下而上"三个分析视角(参见 Halliday 1994/2000;Matthiessen & Halliday 1997/2009,黄国文、王红阳译)。首先,我们用"从上至下"的视角来着手分析语义层在语法层的"模糊语义"体现。根据 Halliday & Matthiessen(1999),逻辑语义的投射与扩展是"跨现象的范畴(trans-phenomenal categories)",能够在整个语言系统得以呈现,对于一个经验现象的扩展,可以是对一个图形的扩展,也可以是对图形的一个成分的扩展,前者的结果是产生图形序列,后者则是产生成分序列;在语法层,一致式的情况下,图形序列体现为小句复合体,成分序列则体现为词组复合体。上例(9),从语义层来看有一定的模糊性,我们可以"拆开来(separately)"理解,"小王聪明,小王又能干",是一个由两个关系过程构成的图形序列;我们也可以"结合一起(together)"理解,"小王聪明又能干",是一个有着成分序列的图形,这个成分序列充当这个图形的过程。这种语义模糊性也体现在语法层。由于汉语中,很多连接词语可以跨阶使用,如(9)中的连接性副词"又"既可以关联小句,又可以关联词组,从而,对于(9),我们可以理解为是包含一个由连接性副词关联形成的动词词组复合体"聪明漂亮"的小句,也可以理解为承前省略了参与者"小王"而通过连接副词"又"关联而成的小句复合体。也就是说,图形序列与成分序列之间存在的模糊性同样也体现在语法层,表现为小句复合体与词组复合体之间的模糊性。

语法上的这种模糊性我们可以通过精密度更高的描写来呈现系统内部的连续性。采用"从外到内"的视角,围绕着语法层本身来看,我们可以通过增加人际、经验与语篇功能结构的成分来对小句复合体和动词词组复合体的模糊区域进行去渐变化。

(10)
- a. 小王聪明,他又能干。
- b. 小王聪明,又能干。
- c. 小王聪明又能干。
- d. 小王聪明能干。

（10a）是两个小句联结而成的小句复合体,有两个"媒介+过程"的及物性结构①,继续小句中使用指代性照应,并通过连接副词"又"与继续小句关联起来,两个命题之间有对照性,在评价语义指向上要求是一致的,语义上发生了融合;（10b）如上所说,潜在地有两种解释:可以如（10a）是小句复合体,继续小句的及物性结构中的媒介承前省略,语义融合紧密;或者作（10c）的理解为一个"媒介+过程"的单

---

① 第6章我们从语气的角度区分了并列和主从关系小句复合体,指出二者的区分在于前者的两个小句都有语气选择,而后者只有主要小句有语气选择,这是从类型学的视角来进行的解释,也就是说,是并列和主从小句复合体这两个语法范畴的典型特征,然而,从拓扑学的视角来看,一个小句有没有语气也不是截然二分的。（10a）"小王聪明,他又能干",我们认为是并列小句复合体,不是其中的两个小句都有语气选择,而是相对性的有陈述语气,这两个小句的相互依赖性比较高,脱离彼此的话,自由交际能力受限,在单独表述"小王聪明"时语境意义要充足,因为形容词单独做谓语不自由（朱德熙1956/2001）。因此（10a）是处于并列小句复合体与动词词组复合体的连续体中,不是典型的并列小句复合体。而"赶不上火车就改乘轮船""你去我才去"这类,在从句与主句整合过程中,主句丢失一定自由性,但仍比从句要占主要地位。又如"他打破了花瓶","打破了"内部联系紧密,有逐渐词汇化的趋势。这都与其背后的语言机制不同有关。

个小句，过程由动词词组复合体体现，这时，语义融合更进一步（tighter integration of meaning）（Halliday & Matthiessen 2004/2008：365），出现语法融合，体现为韵律停顿的消失；(10d) 较之 (10c) 在于构成动词词组复合体的动词词组之间没有使用连接词语，而是通过同位并置（apposition）的手段（参见 Halliday 1994/2000）。

将 (10) 的各例对应为"既……又……"来分析，我们得出以下的连续统：

(11) a. 小王既聪明，又能干。/小王不但聪明，而且能干。
　　 b. 小王既聪明又能干。/小王不但聪明而且能干。
　　 c. 小王聪明、能干。

我们可以看到，当前后部分搭配使用连接词语"既……又……""不但……而且……"时，不能像 (10a) 一样同时出现两个媒介，"*小王既聪明，他又能干"，"*小王不但聪明，他而且能干"，这说明 (11a) 中"既"/"不但"的使用使得语法结构上的要求较之更甚。又如 (11c)，书面语中动词词组之间也可以用停顿更短的顿号，而不用连接词语。

当"既……又……"所填充的成分是动词词组，且后面跟随名词词组时，是小句复合体还是动词词组复合体的这种模糊性，我们可以通过人际意义成分的增添来进行比对。如 (12b)，增加情态词语"可能"：

(12) a. 有的感觉既可能是外部感觉，又可能是内部感觉。
　　 b. 有的感觉既是外部感觉，又是内部感觉。
　　 c. 有的感觉可能既是外部感觉，又是内部感觉。

(12a)前后小句出现"可能",命题的争辩性增加,更靠近小句复合体典型区域;而(12c)不能说成"有的感觉可能既是外部感觉,可能又是内部感觉",体现主观情态的"可能"限定的是后面部分作为一个整体的争辩性,(12c)更接近于是动词词组复合体构成的一个过程小句。由于语言的复杂性,有些现象或许需要具体情况具体分析,但是,这并不妨碍我们得出这个结论,那就是传统语法中联合复句中的合用关联词语(如"既……又……")与偏正复句中的合用关联词语(如"如果……就……""虽然……但是……")是不一样的两种路径,前者是通过级阶上下单位渐变来理解,而后者是通过元功能结构的扩充渐变来解释。这也从侧面解释"既……又……"等现象可以看成是并列小句复合体而在语气选择上十分受限的根本所在。如:

(13) a. 将摊位固定下来,规定经营时间,制定严格的卫生管理条例,岂不是<u>既</u>方便了群众,<u>又</u>无碍于城市的市容卫生吗?(CCL)
b. 中国有这样悠久的文化,照理讲来应该站在时代的最前线,为什么现在<u>不但</u>不能和欧洲各国并驾齐驱,<u>而且</u>还处处跟人不上?(CNC)

通过对CCL和CNC两个现代汉语语料库的搜索,我们发现由"既……又……""不但……而且……"关联的两个小句为疑问语气时基本上是反问语气。

7.3.2.2 主从小句复合体 > 主从动词词组复合体

根据 Halliday & Matthiessen(1999:127),语义图形序列

可以在语法层通过单个小句中用词组/词复合体来体现，从而产生"语法上的压缩（grammatical compression）"，而"语义和语法彼此步调一致的程度（the extent to which the semantics and the grammar are in phase with one another）"决定着这种现象的产生。接下来，我们从主从小句复合体和主从动词词组复合体连续统来加以分析。

（14） a. 他唱完歌，嗓子哑了。
　　　　b. 他唱完歌嗓子哑了。
　　　　c. 他唱哑了嗓子。
　　　　d. 他的嗓子唱哑了。
　　　　e. 他的嗓子哑了。

从语义上来看，（14a）、（14b）和（14c）都是图形序列，呈现为两个事件："他唱歌""嗓子哑了"。在词汇语法层却有不同的体现，（14a）的及物性结构中，两个及物性结构完整，第一个及物性结构是"媒介＋物质过程＋范围"，第二个是"媒介＋过程"，语音上两条信息之间有韵律停顿，是主从关系的小句复合体；（14b）如（14a）一样，两个及物性结构相同，但在语音上两条信息之间没有韵律停顿，仍是主从关系小句复合体；（14c）词汇语法层出现整合现象。从小句复合体这端来看，（14c）可以分析出两个同为"媒介＋过程"（"他唱了""嗓子哑了"）的及物性结构，但语法整合时，及物性结构在小句成分组合上出现截搭现象，第一个及物性结构中的"范围"为空位槽，第二个及物性结构的媒介后置到过程之后，及物性结构整合成"媒介1＋（过程1＋过程2＋共用的体标记）＋媒介2"，由"名词词组1＋（动词词组1＋动词词组 2 + 助词）+ 名词词组 2"充当。而从小句这端来分析，(14c) 也可以分析为一个及物性结构，"媒介 + 过程 + 参与者"，由"名词词组 1 + （动词词组 + 延续部分 + 助词）+ 名词词组 2"充当。McDonald（1992：450）认为，结果后置动词有小句功能的一些特点，同时又有动词词组功能的一些特点，从而将结果后置动词处理为小句与动词词组之间的成分（completive postverbs have some features of a clause function and some of a verbal group function. The present grammar treats them somewhere in between the two...）。对于这个观点，我们予以部分赞同，因为有的动结式确实如此；但汉语动结式十分复杂，情形也有不同，我们这里不做具体探讨。但这至少说明一点，像（14c）是处于小句复合体与动词词组复合体的中间地带。(14d) 语法整合更进一步，这时我们很容易辨认出它是一个及物性结构，然而这时谓语部分"唱哑了"的分析又出现进一步的语法整合，"唱"为"哑"提供修饰性的说明，有点副词化的意味，从而（14d）中，"唱哑了"是在动词词组和动词词组复合体的中间地带，但这不影响（14d）是单个小句。显而易见，(14e) 是由动词词组充当过程的单个小句。

7.3.3 词汇与语法的互补

系统功能语言学强调词汇与语法的整体性，根据 Halliday & Matthiessen（2004/2008：43），语法作为封闭式的系统，通过结构来体现概括性的意义，而词汇是开放式的集，通过搭配来体现具体的意义，词汇与语法形成一个连续统，各自出现在这个连续统的两端。Halliday（2008）指出，词汇和语法之间是并协与互补的关系，"词汇和语法的互补性体现于它们对现实进行识解的概念功能中（Lexis and grammar are complementary in their reality construing ideational function)"（Halliday 2008：ii），词汇和语法是一个渐变的趋势，而不是二分的。接下来，我们从词汇与语法的互补角度来探讨小句复合的渐变体现。

（15）a. 在小王回来的时候，小李还在睡觉。 ↑ 单个小句
　　　b. 小王回来的时候，小李还在睡觉。
　　　c. 小王回来时，小李还在睡觉。
　　　d. 小王回来了，小李还在睡觉。
　　　e. 小王已经回来了，小李还在睡觉。 ↓ 小句复合体

汉语中"的"可以充当表从属关系的小品词，如例（15a）、（15b）中"的"标志"小王回来"的依赖地位，嵌入小句"小王回来"充当名词中心语"时候"的修饰语。从这个角度看，（15a）中介词短语"在小王回来的时候"与（15b）中名词词组"小王回来的时候"一样，都是充当后面小句"小李还在睡觉"的状语。与上面两句相比，（15c）中"小王回来"后没有表从属关系的小品词"的"，我们倾向于把它处理为从属小句，修饰后面的控制小句，与之构成主从小句复合体。即这个例句中的"时"不是与上两例中的"时候"一样是名词中心语，而是表从属的后置关联成分。是含嵌入小句的名词词组还是有后置连接成分的从属小句，我们还可以从指称性和陈述性角度来区分。系统功能语言学中，一致式的情况下，名词体现事物（Thing），动词体现过程；事物具有指称性，过程具有陈述性；名词常可以用数量词或指示代词+数词/量词修饰，如，（15a）和（15b）可以添上指示代词+量词"那个"，"在小王回来的那个时候""小王回来的那个时候"，而（15c）不能，"＊小王回来那个时"不符合汉语表达习惯，

但可以说"小王回来那时",这样的话,指称性增强,过程性减少。此外,状语是修饰、限制谓语的成分,汉语中,其典型位置是主语后、谓语前;而增强从属小句起着修饰、限定控制小句的功能,其典型位置是控制小句之前,也就是所谓的句首位置。从句法位置和功能上来看,(15a)和(15b)中的状语都在句首,是修饰整个控制小句,从这一点来说,都不是典型的状语成分;但(15a)的状语可以回到典型的状语位置,"小李在小王回来的时候还在睡觉",而(15b)不能,"*小李小王回来的时候还在睡觉";(15c)的"小王回来时"同样也不能出现在典型的状语空位①。从这个角度看,(15b)类同于(15c)。(15d)"小王回来了",小句末尾用了陈述语气词"了",是自由小句,与继续小句一起构成并列关系小句复合体;(15e)在(15d)的基础上增加了时间状语"已经",是自由小句,(15e)也是并列关系的小句复合体。

如 Halliday(1994/2000:247)所说的 the time…结构开头的表达式有三种不同的功能价值一样,汉语中的"……的时候"也是如此:

首先,作主从增强小句:

---

① 这也是"在……的时候"与"当……的时候"的区别之一。"当小王回来的时候,小李还在睡觉"成立,而"*小李当小王回来的时候还在睡觉"不成立。其二,"当……的时候"结构中不能添加指示代词+量词,"*当小王回来的那个时候"。其三,"当……的时候"结构中填充的通常要求是小句,而"在……的时候"结构中可以填充名词。其四,一定条件下,"当……的时候"可以省略掉"的时候",形成"当+小句"结构,如"当小王回到家",而"在……的时候"不能,"*在小王回到家"。因而,我们认为,"在+小句+的时候"接近于状语成分这端,而"当……的时候"更接近于从属小句这端,"当+小句"则是从属小句。

(16) ⦀^β 我们第一次见面的时候，‖^α 他压根没和我说过一句话。⦀

其次，作名词词组，含增强嵌入小句：

(17) ⦀他*[[发脾气]]的时候很恐怖。⦀

最后，作名词词组，含详述嵌入小句：

(18) ⦀常胜将军也有=[[失手落马]]的时候。⦀

"小句+的时候"的结构会有不同的理解，主要原因在于"的时候"存在不同的分析。"时候"在《现代汉语词典》中标注为表时间的名词，而根据上面的分析，我们认为"小句1+的时候，小句2"中的"（的）时候"在实际使用中呈现不同的功能，试比较：

(19) a. 黄支书和黄经理一连干了三大杯的时候，黄淘气进来猫到桌前想吃块肉。（李荣德、林旷德《天上一朵雨做的云》）
b. 黄支书和黄经理一连干了三大杯后，……
(20) a. 夏以嫦分完了地蛋回到锅灶炕上来的时候，就觉得有些头昏眼花，肚子也早已饿了。（CNC）
b. 夏以嫦分完了地蛋回到锅灶炕上来，……
(21) a. 去看戏的时候，要先买票。（Chao 1968/2004）
b. 去看戏的话，要先买票。
(22) a. 小子死得可惨啦，他入山捕猎呀，叫老虎给咬死

啦!(陈士《评书聊斋志异(一)》)
b. 小子死得可惨啦,他入山捕猎的时候哇,叫老虎给咬死啦!

例(19)显示"的时候"类似于后置词"(之)前""(之)后","时候"的意义逐渐虚化,不是表时间的一般名词;例(20)则表明"时候"的意义进一步虚化,与"的"紧密结合成为一个"时"的语法标记;例(21)则如张炼强(1990)所分析的一样,"的时候"类似于"的话",是从属关系标记词;例(22)"的时候"接近于停顿助词(参见 Chao 1968/2004)。"(的)时候"具体化了词汇与语法互补关系,从表时间的一般名词到表时间方位的后置词再到语法标记词,意义逐步虚化,如图 7-4 所示。

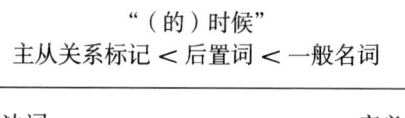

图 7-4 词汇与语法的互补

当"(的)时候"为主从关系标记时,它同时起连接两个小句的作用,这两个小句联结成小句复合体;"时候"为一般名词时,它充当名词词组的中心语成分,前有嵌入小句修饰,一起修饰后面的小句;"(的)时候"是后置词时,介于前两种分析之间。与"(的)时候"类似的还有"的缘故""的话",即,从形式上看,都是"的 + N",在具体语法分析下,有时可以分析为"的 + 中心语",有时又需要整体上看成语法标记。这取决于它们所出现的语法环境。"的话"可作为从属关系标记,语法学界已没有争议,下面我们以"的缘故"来加以说明。

(23) a. 因为《围城》这部小说写得极其生动、逼真的缘故,所以此书出版后,有的人便把它看作是钱钟书的"自传",有些学究则常常去考证、索隐,猜测其"本事"。(CCL)
 b. 人就是因为多长出了这么一个胃的缘故,必须吃饭,所以要为生活奔走。(CCL)
 c. 小刘的妹妹考上了大学,因为小刘是"右派"的缘故,被刷了下来,小刘愤慨地说这是"罪及妻孥"。(CCL)
 d. 一个人所以要发牢骚,就因为他是"求全主义者",或者因为他有更好的办事方法,而无权把它们付诸实施的缘故。(CCL)

邢福义(2001:58)在描写分析因果复句时指出,"因为 p,所以 q"可以说成"因为 p 的缘故,所以 q",也就是说邢福义将"因为 p 的缘故,所以 q"视为复句。而在传统语法中,"的缘故"一般分析为"的+中心语","因为"在"的缘故"前时往往分析为介词,但上述这些例句明显地可以归入主从小句复合体。其中有一点很重要,连词"所以"的使用为前后两个小句划分了界限,因为连词前的成分不可能是状语成分;(23a)没有异议,而(23b)中有三个小句,连词"所以"标示出前两个小句与第三个小句之间的界限,而第一个小句与第二个小句之间没有"所以",但我们却难以将"因为……的缘故"部分分析成介词短语作状语,其出现位置也说明不能如传统语法分析那样归入"句首修饰语"。可见"因为……的缘故"可以分析为从属小句，不仅仅是由于"所以"的使用，而且更关键在于两个小句之间的地位及"因为……的缘故"所出现的环境。(23c)、(23d)进而说明了"因为+小句+的缘故"可以如"因为+小句"一样，与其他小句构成小句复合体，甚至于"因为+名词词组+的缘故"与"因为+小句+的缘故"可以前后出现，后面的小句前使用了连词"所以"，如：

(24) 因为他的祖先的缘故，因为命运支配他不得不常烈日下奔走的缘故，所以他只能有一种红黑色的皮色；……（CCL）

这类现象是个矛盾复合体，当我们纠结如何划分的时候，换个角度看，这实质上可以证明 Halliday（1994/2000）、Halliday & Matthiessen（1999）、Matthiessen（2002）所提出的宏观环境成分＞从属小句连续统的假设。从宏观环境成分这端出发，"因为+小句+的缘故"有环境成分的特点，而从从属小句这端来看，这类结构又呈现从属小句的特征。我们的观点是要结合它所出现的语境来具体情况具体分析。

7.4 小　结

本章我们分别从元功能、层次、词汇与语法的互补三个方面探讨了小句复合的渐变体现，侧重分析了衔接＞配列（并列＞主从）＞成分增强、并列＞主从……＞嵌入详述或延伸及小句复合体与动词词组复合体之间的连续统现象。事实证明，采用类型学与拓扑学相结合的视角的小句复合体的分析，不仅为传统语法中单复句划界难的问题提供了一种新的解释，而且进一步证明系统功能语言学的汉语适用性。总而言之，系统功能语言学是普通语言学和"适用语言学"。

第 8 章 结 论

8.1 主要内容回顾与总结

单复句划界和复句分类一直是传统语法复句研究的两大核心板块，传统语法家和学者们一直致力于寻求和探索合理的划分标准，逐渐在单复句划界难、复句内部关系错综复杂方面达成共识。当偏重于语义关系分类的语法学家和学者们质疑联合复句和偏正复句这第一层关系划分的必要性，主张取消联合、偏正之分时，却鲜有研究审视以往复句分类中联合、偏正的语法关系分类与语义关系分类的错位问题，也少有将单复句划界和复句分类这两个问题关联起来系统探讨，以至于让人误以为没有联合与偏正之分是汉语复句的一大特色。语法关系和语义关系是同时存在于复句现象中的两种关系，语法关系和语义关系也并不是上下位关系，而是平行关系，汉语复句中同样有联合与偏正的语法划分，联合与偏正的语法分类与单复句划分之间存在着密切的联系。为了达成这个研究目的，本书设计了三个研究问题：①汉语小句复合体在语言系统中处于什么地位，又如何界定？②汉语小句复合体是如何形成的？又如何区分汉语小句复合体中的并列关系和主从关系？③从整个语言系统来看，汉语小句复合体呈现怎样的特征？本书的出发点是在系统功能语言学理论框架下对汉语小句复合体进行功能角度描写与解释，为解答这三个研究问题，在具体的研究中，以系统功能语言学理论为指导，贯彻多功能分析原则，采用类型学与拓扑学相结合的视角，从汉语小句复合体的界定及其系统描写与解释、配列关系的类型划分以及小句复合的渐变体现四个方面进行了功能角度分析与探讨。接下来，我们将对这三个研究问题的探讨归纳如下。

  第一个研究问题是关于汉语小句复合体在语言系统中的地位及其界定问题。传统语法中，句分为单句和复句，复句比单句高一级。Halliday 用小句复合体取代传统语法中的句，句是书面语的单位，不能涵盖口语相关现象，而小句复合体可以通指口语和书面语中的小句联结。然而，Halliday 认为小句复合体是语法单位，对此 Eggins、Matthiessen、Thompson、Huang、Yang 等等提出修正意见，认为小句是最高一级语法单位，是由低一级的单位词组与词组组合构成，而小句复合体是小句线性递归的产物，构成小句复合体的小句与小句之间不是如同构成小句的词组与词组之间的组合关系，小句复合体是小句的复合。本书采纳后一种观点，并应用到汉语小句复合体的分析中，即，小句复合体不是高于小句一级的语法单位，而是基本语法单位小句的复合。在级阶上确定了小句与小句复合体的关系之后，本书进一步从层次与元功能的角度来分析小句复合体在语言系统中的位置。小句复合体和小句一样都位于词汇语法层，小句是概念功能、人际功能和语篇功能的集中体现，作为小句的复合单位，小句复合体同样也可以体现概念功能、人际功能和语篇功能，小句复合体与小句最大的不同在于小句是概念功能中的经验功能的体现，而小句复合体是概念功能中的逻辑功能的产物，因而，在级阶划分的基础上，概念功能为小句复合体与小句的区分提供了重要的参数，即需要考察是否有两个或两个以上的过程以及过程之间的关系，媒介（核心参与者）、连接者也是重要的参数。小句复合是过程的复合，每个过程都有一个使这个过程成立的媒介，也就是说，小句复合体有两个或两个以上的过程以及与之对应的媒介。过程复合时，往往通过连接者来关联，从而，是否能插入连接者也是小句复合体的判断标准之一。人际功能为区分投射现象中的从属小句与嵌入小句提供了有力标准，同时，体现次要言语功能的次要小句也可以与体现主要言语功能的主要小句一起形成小句复合体。

第二个研究问题是探讨汉语小句如何联结成小句复合体，小句复合体中的并列关系和主从关系又如何划分。小句复合体主要是通过语言的逻辑功能产生，即，小句通过配列关系和逻辑语义关系联结成小句复合体，与此同时，语言的人际功能、经验功能和语篇功能也在小句复合体中发挥其各自作用。第 5 章在 Halliday 构建的小句复合体系统框架下，结合其他功能学者以及汉语事实，从逻辑功能出发，分别对小句间的两种关系即配列关系和逻辑语义关系进行了系统功能角度的描写、分析与解释，从整体上把握了小句复合体系统。本书先从并列关系和主从关系不同的逻辑特征以及相应的逻辑连接词语对小句间两种相互依赖关系类型进行了逻辑功能区分，进而结合并列关系和主从关系对逻辑语义关系下的扩展与投射子系统着手进行描写与解释。从逻辑功能角度看，并列关系小句复合体中小句之间的地位是平等的，没有主次之分，而主从关系小句复合体中小句之间有主次之分；并列关系具有对称性和传递性，而主从关系是非对称的和非传递的。在连接词语的使用方面，并列关系小句复合体通常不用连接词语，单用时需用在次要小句中，合用的时候前后小句分别使用，而不会出现首要小句使用连接词语而次要小句不用的情况，主从关系小句复合体则通常是次要小句中使用从属性质连接词语，主要小句中使用连接副词，一个次要小句中使用的从属性质连接词语可以多于一个，位置也不局限于次要小句句首，甚至可以在次要小句句尾。在对并列关系和主从关系的逻辑功能划分的基础上，第6章采用多功能分析原则，以人际功能、经验功能、语篇功能对小句复合体系统的配列关系子系统的作用为切入点，讨论了汉语扩展小句复合体中并列关系与主从关系的区分问题。我们认为，人际语气是划分并列与主从典型范畴的根本标准，同时，语篇意义方面的主位结构、经验意义上的时体、相位时间系统也发挥着作用，在语言的实际运用中，并列与主从的不同选择不只是其中一个元功能系统选择不同的体现，而是三大元功能互相作用的选择结果，只是各大元功能所发挥的作用有不同的程度。也就是说，并列关系与主从关系的逻辑意义选择，实际上是人际意义、经验意义与语篇意义的选择的反映，其中，人际意义扮演着非常关键的作用，经验意义与语篇意义与之相辅相成。这种多功能分析为并列关系和主从关系的区分提供了一种新的诠释。表面上看起来，似乎与何容（1942/1985）的观点趋同，但实质上有区别。何容提出在并列关系与主从关系的判断上，从属连词要优先于并列连词，如："虽然许多人反对他的主张，然而他的主张总不变"较之"许多人反对他的主张，然而他的主张总不变。"，前例之所以是主从关系复句，是因为使用了从属连词"虽然"。而我们是基于小句的人际自由与依赖地位来区分的,而不是仅仅从连接词语方面来考虑,也就是说,我们是基于功能的,而不是形式的分析。小句复合体是动态性的,并列关系与主从关系的选择是诸多因素的统一体,要多层次、多功能来分析。

第三个研究问题是汉语小句复合体在词汇语法上具有什么特征。小句复合体是小句的复合,小句复合体的构成基础是配列关系,而小句的组成基础是成分关系。在对小句复合体和小句进行范畴划分之余,我们还注意到,小句复合体与小句之间不是截然二分的,换句话说,配列关系与成分关系形成了一个渐变群,呈现为小句复合的连续统。本书将小句复合和小句成分的渐变与配列关系和成分关系关联起来,从系统功能的视角为传统语法复句研究中的单复句划界问题提供了新的解释。并列、主从的逻辑意义选择同时关涉人际意义参数、经验意义参数与语篇意义参数,这也是并列关系与主从关系这两个范畴之间呈现连续不断特征的根本。同时,逻辑功能使得级阶上的单位递归构成复合体,同一种配列关系在单位复合体之间也是呈现渐变趋势,如并列关系小句复合体与动词词组复合体、主从关系小句复合体与动词词组复合体,即动词词组复合体充当的小句成分与小句复合体之间的连续现象。归根结底,小句复合与小句成分的对立与渐变是源自逻辑功能与经验功能作为反映人们现实体验的两种互补性的表述。研究结果表明,这种多结构、多视角的分析更系统地、全面地分析问题,同时也说明了汉语小句复合体中同样存在并列关系和主从关系的区分。

总而言之,通过对汉语小句复合体在整个语言系统中的定位与界定,本书从逻辑功能入手对汉语小句复合体系统做了系统功能描写与分析,区分了小句间的并列关系与主从关系,探讨了汉语小句复合的渐变体现,提供了一个系统的、功能的汉语小句复合体分析与解释。本书的创新点在于运用系统功能语言学理论，采用多功能、多层次、类型学与拓扑学相结合的视角来分析汉语小句复合体现象，为汉语小句复合体现象的研究提供了新的内容，也为并列关系与主从关系的区分以及单复句划界这两大问题进行了系统功能语言学角度的解释。

8.2 应用与展望

本书是在系统功能语言学理论框架下对汉语小句复合体的功能角度探讨，为汉语小句复合体的研究提供系统的、功能的分析与解释。小句复合体是复杂的语言现象，本书是对汉语小句复合体的宏观性研究，还有很多方面可以进一步研究，我们挑其中几个重要的方面来说。

小句复合体中小句间的相互依赖关系分为配列关系（并列关系与主从关系）和逻辑语义关系（扩展与投射）两种，本书侧重于探讨前者，关注小句间的语法关系呈现，对于逻辑语义部分本书只在第5章大致地描写与分析了扩展逻辑语义现象，简略地涉及投射逻辑语义现象，汉语小句复合体的扩展、投射逻辑语义关系的逻辑功能分析及其渐变化还有待今后进一步研究。

小句复合现象中语法关系的渐变体现，即小句复合与小句成分或者说配列关系与成分关系的渐变是本书的一大重点。Halliday（1994/2000）和 Matthiessen（2002）都指出语法隐喻可以进一步深化小句复合的渐变体现，这同样适应于汉语分析。"一致式与隐喻式的互补"可以作为一个内容来谈论，然而，本书没有对此进行展开分析；同时，逻辑语义关系中也存在渐变群的体现，由于人类经验的复杂性，以及语言使用中的经济性原则，前后小句体现的语义关系可呈现不同程度的截搭与糅合现象，从而同一连接词语具有体现多种逻辑语义关系的潜势，不同的逻辑语义关系之间也呈现渐变趋势。这需要建立在对逻辑语义关系进行细致描写与分析之上。

在做系统功能语言学的汉语的适应性研究过程中，往往也需要思考英语与汉语中小句复合体有什么相同与不同之处。曾蕾（2000）就英汉投射现象进行了对比功能分析，今后可以考虑从英汉对比的角度来着手分析英汉扩展小句复合体的相似性与差异性。

参考文献

Caffarel, A. *Systemic Functional Grammar of French: From Grammar to Discourse* [M]. London: Continuum, 2006.

Caffarel, A., J. R. Martin & C. M. I. M. Matthiessen. Introduction: Systemic functional typology [A]. In Caffarel, A., J. R. Martin & C. M. I. M. Matthiessen (eds.) *Language Typology: A Functional Perspective* [C]. Amsterdam: Benjamins, 2004: 1 – 76.

Chao, Y. R. *A Grammar of Spoken Chinese* [M]. Berkeley: University of California Press/Beijing: Commercial Press, 1968/2004.

Chen, C. K. *Dependent Clauses in Mandarin Chinese* [D]. Austin: University of Texas, 1980.

Eggins, S. *An Introduction to Systemic Functional Linguistics* (2nd edition) [M]. London: Continuum, 2004.

Eggins, S. *An Introduction to Systemic Functional Linguistics* [M]. London: Pinter, 1994.

Eifring, H. *Clause Combination in Chinese* [M]. Leiden: Brill

Academic Publishers, 1995.

Fang, Y., E. McDonald & M. S. Cheng. Subject and theme in Chinese: from clause to discourse [A]. In Hasan, R. & P. Fries (eds.). *Subject and Theme: A Discourse Functional Perspective* [C]. Amsterdam: Benjamins, 1995: 235 –273.

Fawcett, R. P. *Invitation to Systemic Functional Linguistics Through Cardiff Grammar: An Extention and Simplification of Halliday's Systemic Functional Grammar* (3rd edition) [M]. London: Equinox, 2008.

Fawcett, R. P. The concepts of "parataxis" and "hypotaxis" in clause relations: problems and solutions [J], unpublished paper. 2004.

Forley, W. & R. D. Van Valin. *Functional Syntax and Universal Grammar* [M]. Cambridge: Cambridge University Press, 1984.

Fu, M. S. *An Analysis of Clause Linkage in Mandarin Chinese* [D]. Winipie: University of Manitoba, 1996.

Halliday, M. A. K. Grammatical categories in Modern Chinese [A]. In Webster, J. (ed.), *Studies in Chinese Language* [C]. London: Continuum/Beijing: Peking University Press, 1956/2007: 156 –248.

Halliday, M. A. K. The language of the Chinese "Secret History of the Mongols" [A]. In Webster, J. (ed.), *Studies in Chinese Language* [C]. London: Continuum/Beijing: Peking University Press, 1959/2007: 5 –171.

Halliday, M. A. K. Categories of the theory of grammar [A]. In Webster, J. (ed.), *On Grammar* [C]. London: Continuum/

Beijing: Peking University Press, 1961/2007: 196-218.

Halliday, M. A. K. A brief sketch of systemic grammar [A]. In Kress G. (ed.) *Halliday: System and Function in Language* [C]. Hong Kong: Oxford University Press, 1969/1976: 3-6.

Halliday, M. A. K. Language structure and language function [A]. In Webster, J. (ed.) *On Grammar* [C]. London: Continuum/Beijing: Peking University Press, 1970/2007: 173-195.

Halliday, M. A. K. *Explorations in the Functions of Language.* London: Arnold, 1973.

Halliday, M. A. K. *Language as Social Semiotic: The Social Interpretation of Language and Meaning.* London: Arnold/Beijing: Foreign Language Teaching and Research Press, 1978/2001.

Halliday, M. A. K. Modes of meaning and modes of expression: Types of grammatical structure and their determination by different semantic functions [A]. In Webster, J. (ed.) *On Grammar* [C]. London: Continuum/Beijing: Peking University Press, 1979/2007: 196-218.

Halliday, M. A. K. Text semantics and clause grammar: How is a text like a clause? [A] In Webster, J. (ed.) *On Grammar* [C]. London: Continuum/Beijing: Peking University Press, 1981/2007: 219-260.

Halliday, M. A. K. On the ineffability of grammatical categories [A]. In Webster, J. (ed.) *On Grammar* [C]. London: Continuum/Beijing: Peking University Press, 1984/2007: 291-322.

Halliday, M. A. K. Dimensions of discourse analysis [A]. In Webster, J. (ed.) *On Grammar* [C]. London: Continuum/Beijing: Peking University Press, 1985a/2007: 261-290.

Halliday, M. A. K. *Spoken and Written Language* [M]. Geelong, Vic.: Deakin University Press. 1985b.

Halliday, M. A. K. Spoken and written modes of meaning [A]. In Webster, J. (ed.) *On Grammar* [C]. London: Continuum/Beijing: Peking University Press, 1987/2007: 323-351.

Halliday, M. A. K. How do you mean? [A] In Webster, J. (ed.) *On Grammar* [C]. London: Continuum/Beijing: Peking University Press, 1992/2007: 352-368.

Halliday, M. A. K. *An Introduction to Functional Grammar* (2nd edition) [M]. London: Arnold/Beijing: Foreign Language Teaching and Research Press, 1994/2000.

Halliday, M. A. K. On grammar and grammatics [A]. In Webster, J. (ed.) *On Grammar* [C]. London: Continuum/Beijing: Peking University Press, 1996/2007: 384-417.

Halliday, M. A. K. Working with meaning: Towards an appliable linguistics [A]. In Webster, J. (ed.) *Meaning in Context: Implementing Intelligent Applications of Language Studies* [C]. London: Continuum. 2006/2008: 7-23.

Halliday, M. A. K. *Complementarities in Language* [M]. Beijing: The Commercial Press, 2008.

Halliday, M. A. K. & R. Hasan. *Cohesion in English* [M]. London: Longman, 1976.

Halliday, M. A. K. & R. Hasan. *Language, Context and Text: Aspects of Language in a Social-Semiotic Perspective* [M]. Geelong, Vic.: Deakin University Press, 1985.

Halliday, M. A. K. & C. M. I. M. Matthiessen. *Construing Experience through Meaning: A Language-based Approach to Cognition* [M]. London: Continuum/Beijing: World Publishing Company, 1999.

Halliday, M. A. K. & C. M. I. M. Matthiessen. *An Introduction to Functional Grammar* (3rd edition) [M]. London: Arnold/Beijing: Foreign Language Teaching and Research Press, 2004/2008.

Halliday, M. A. K. & E. McDonald. Metafunctional profile of the grammar of Chinese [A]. In Caffarel, A., J. R. Martin & C. M. I. M. Matthiessen. (eds.) *Language Typology: A Functional Perspective* [C]. Philadelphia: Benjamins, 2004: 305 – 396.

Hopper P. & E. Traugott. *Grammaticalization* [M]. London: University of Cambridge Press, 2003.

Huang, G. W. & R. P. Fawcett. A functional approach to two focusing constructions in English and Chinese [J]. *Language Sciences*, 1996, 18/1 – 2: 179 – 194.

Lai, S. M. A Study of Compound Sentences, Complex Sentences and Sentence Groups of Modern Chinese Language [D]. Hong Kong: Hong Kong University, 2004.

Lehman, C. Toward a typology of clause linkage [A]. In Haiman, J. & S. A. Thompson. (eds.) *Clause Combing in Grammar and Discourse.* [C] Amsterdam/Philadelphia: Benjamins, 1988: 181 – 226.

Li, C. N & S. A. Thompson. *Mandarin Chinese: A Functional Reference Grammar* [M]. Berkeley: University of Calfornia

Press, 1981.

Li, S. H. *A Systemic Functional Grammar of Chinese* [M]. London: Continuum, 2007.

Li, Y. A. Basic Types of Clause Complexes and Discourse Connectives: A Comparative Study between Chinese and English with Pedagogical Implications [D]. Urbana-Champaign: University of Illinois of Urbana-Champaign, 1991.

Long, R. J. Transitivity in Chinese [D]. Sydney: University of Sydney, 1981.

Martin, J. R. The meaning of features in systemic linguistics [A]. In Halliday, M. A. K. & R. P. Fawcett. (eds.) *New Development in Systemic Linguistics* [C]. London: Frances Pinter, 1987: 14 - 40.

Martin, J. R. Hypotactic recursive systems in English: towards a functional interpretation [A]. In Wang, Z. H. (ed.) *SFL Theory* [C]. Shanghai: Shanghai Jiao Tong University Press, 1988/2010: 99 - 130.

Martin, J. R. *English Text: System and Structure* [M]. Amsterdam/Philadelphia: Benjamins/Beijing: Peking University Press, 1992/2004.

Martin, J. R. Logical meaning, interdependency and the linking particle {na/ -ng} in Tagalog [A]. In Wang, Z. H. (ed.) *SFL Theory* [C]. Shanghai: Shanghai Jiao Tong University Press, 1995/2010: 131 - 166.

Martin, J. R. Types of structure: Deconstructing notions of constituency in clause and text [A]. In Wang, Z. H. (ed.) *SFL Theory* [C]. Shanghai: Shanghai Jiao Tong University Press,

1996/2010: 216 - 263.

Martin, J. R. & C. M. I. M. Matthiessen. Systemic typology and topology [A]. In Wang, Z. H. (ed.) SDL Theory [C]. Shanghai: Shanghai Jiao Tong University Press, 1991/2010: 167 - 215.

Martin, J. R. & D. Rose. *Working with Discourse: Meaning Beyond the Clause* (2nd edition) [M]. London: Continuum. 2007.

Martin, J. R., C. M. I. M. Matthiessen & C. Painter. *Deploying Functional Grammar* [M]. Beijing: The Commercial Press, 2010.

Martin, H. Coordination [A]. In Shopen, T. (ed.) *Language Typology and Syntactic Description Volume II: Complex Constructions* [C]. New York: Cambridge, 2007: 1 - 51.

Matthiessen, C. M. I. M. Interpreting the textual metafunctions [A]. In Davies, M. & L. Ravelli (eds.) *Advances in Systemic Linguistics: Recent Theory and Practice* [C]. London: Pinter, 1992: 37 - 81.

Matthiessen, C. M. I. M. *Lexicogrammatical Cartography: English Systems* [M]. Tokyo: International Language Sciences Publishers, 1995.

Matthiessen, C. M. I. M. Combining clauses into clause complexes: a multifaceted view [A]. In Bybee, J. & M. Noonan. (eds.) *Complex Sentences in Grammar and Discourse: Essays in Honor of Sandra A. Thompson* [C]. Amsterdam: Benjamins, 2002: 237 - 322.

Matthiessen, C. M. I. M. & S. A. Thompson. The structure of discourse and subordination [A]. In Haiman, J. & S. A. Thompson (eds.) *Clause Combining in Grammar and Discourse* [C]. Amsterdam/Philadelphia: Benjamins, 1988: 275 –329.

Matthiessen, C. M. I. M. & C. Nesbitt. On the idea of theory-neutral descriptions [EB/OL]. : http: //74. 125. 155. 132/scholar? q = cache: DUS8otawmawJ: scholar. google. com/ + on + the + idea + of + theory-neutral + descriptions&hl = zh-CN&as_sdt =0, 5. 1995/1996.

Matthiessen, C. M. I. M. & Halliday, M. A. K. *Systemic Functional Grammar: A First Step into the Theory* [M]. Translated by Huang, G. W. & H. Y. Wang. Beijing: Higher Education Press, 1997/2009.

McDonald, E. Clause and Verbal Group Systems in Chinese: A Text-Based Functional Approach [D]. Sydney: Macquarie University, 1998.

McDonald, E. Outline of a functional grammar of Chinese for teaching purposes [J]. *Language Sciences*, 1992, 14. 4: 435 –458.

McDonald, E. The "complement" in Chinese grammar: A functional reinterpretation [A]. In Hasan, R. , C. Cloran. & D. Butt. (eds.) *Functional Descriptions: Theory in Practice* [C]. Amsterdam/Philadelphia: Benjamins, 1996: 265 – 286.

McDonald, E. Verb and clause in Chinese discourse: Issues of constituency and functionality [J]. *Journal of Chinese Linguistics.* 2004, 32 (2): 200 –247.

Nesbitt, C. & G. Plum. Probabilities in a systemic-functional grammar: the clause complex in English [A]. In Fawcett, R. P. & D. Young (eds.) *New Developments in Systemic Linguistics: Theory and Application* (Volume 2) [C]. London: Pinter, 1988: 6-38.

Ouyang, X. Q. Clause Complex in Chinese [D]. Sydney: Sydney University, 1986.

Quirk, R. , S. Greenbaum, G. Leech. & J. Svartvik. *A Comprehensive Grammar of the English Language* [M]. London: Longman, 1985.

Shi, D. X. Topic chain as a syntactic category in Chinese [J]. *Journal of Chinese Linguistics*, 1989, 17: 223-262.

Shum, M. S. K. *The Functions of Language and Teaching of Chinese: Application of Systemic Functional Linguistics to Chinese Language Education* [M]. Hong Kong: Hong Kong University Press, 2003.

Teruya, K. Grammar as resource for the construction of language logic for advanced language learning in Japanese [A]. In Byrnes, H. (ed.) *Advanced Language Learning: The Contribution of Halliday and Vygotsky* [C]. London: Continuum, 2006: 109-133.

Teruya, K. *A Systemic Functional Grammar of Japanese* (Two volumes) [M]. London: Continuum, 2007.

Thompson, G. *Introducing Functional Grammar* [M]. London: Arnold/Beijing: Foreign Language Teaching and Research Press, 1996/2000.

Thompson, G. *Introducing Functional Grammar* (2nd edition) [M]. London: Arnold/Beijing: Foreign Language Teaching and Research Press, 2004/2008.

Thompson, G. But me some buts: A multi-dimensional view of conjunction [J]. *Text*, 2005, 25 (6): 763 –791.

Thompson, S. , R. Langacre & S. Hwang. Adverbial clauses [A]. In Shopen, T. (ed.) *Language Typology and Syntactic Description Volume II: Complex Constructions* [C]. New York: Cambridge, 2007: 237 –300.

Verstraete, J. C. Two types of coordination in clause combining [J]. *Lingua*, 2005, 115 (4): 611 –626.

Verstraete, J. C. *Rethinking the Coordinate-Subordinate Dichotomy: Interpersonal Grammar and the Analysis of Adverbial Clauses in English* [M]. Berlin: Mouton de Gruyter, 2007.

Wang, Y. F. The information structure of adverbial clauses in Chinese discourse [J]. *Taiwan Journal of Linguistics*, 2006, 4.1: 49 –88.

Yang, Y. N. Grammatical metaphor in Chinese [D]. Singapore: National University of Singapore, 2007.

Zhou, X. K. Material and Relational Transitivity in Mandarin Chinese [D]. Melbourne: University of Melbourne, 1997.

Zhu, Y. S. Modality and modulation in Chinese [A]. In Berry, M. , C. Butler, R. Fawcett & G. W. Huang (eds.) *Meaning and Form: Systemic Functional Interpretations* [C], Norwood: Ablex, 1996: 183 –210.

常晨光. 作为适用语言学的功能语言学 [C] // 黄国文，常晨光，廖海清. 系统功能语言学研究群言集（第一辑）. 北京：高等教育出版社, 2010: 17 –30.

陈中干. 现代汉语复句研究 [M]. 北京：语文出版社, 1995.

储泽祥,陶伏平. 汉语因果复句的关联标记模式与"联系项居中原则"[J]. 中国语文, 2008, (5): 410-422.

邓英树. 现代汉语语法论[M]. 成都: 巴蜀书社, 2002.

丁声树,吕叔湘,李荣,孙德宣,管燮初,傅婧,黄盛璋,陈治文. 现代汉语语法讲话[M]. 北京: 商务印书馆, 1961/1979.

董秀芳. "的"字短语作后置关系小句的用法——兼评法律文献中"的"字短语的用法[J]. 语言文字应用, 2003, (4): 120-126.

董秀芳. 论"时"的语法化[J]. 钦州师范高等专科学校学报, 2000, (1): 48-54.

范开泰,居志良,汪寿明. 关联词语[M]. 上海: 上海教育出版社, 1981.

方琰. 试论汉语的主位、述位结构——兼与英语主位述位相比较[J]. 清华大学学报, 1989, (2): 66-72.

方琰. 论汉语小句复合体的主位[J]. 外语研究, 2001, (2): 56-58.

方琰, E. McDonald. 论汉语小句的功能结构[J]. 外国语, 2001, (1): 42-46.

高明凯. 汉语语法论[M]. 北京: 商务印书馆, 1957/1986.

高增霞. 现代汉语连动式的语法化视角[D]. 北京: 中国社会科学院, 2005.

郭中平. 单句复句的划界问题[J]. 中国语文, 1957, (4): 1-2.

韩礼德. 功能语法导论[M]. 彭宣维,赵秀凤,张征,等译. 北京: 外语教学与研究出版社, 2010.

何容. 中国文法论[M]. 北京: 商务印书馆, 1942/1985.

胡裕树. 现代汉语 [M]. 上海：上海教育出版社，1995/2009.

胡壮麟. 小句和复句 [M]// 胡壮麟. 语言系统与功能. 北京：北京大学出版社，1990/2008：124－135.

胡壮麟. 关系 [C]// 赵世开. 汉英对比语法论集. 上海：上海外语教育出版社，1999：254－291.

胡壮麟，朱永生，张德禄，李战子. 系统功能语言学概论 [M]. 北京：北京大学出版社，2005.

黄伯荣，廖序东. 现代汉语（增订三版）[M]. 北京：高等教育出版社，2002.

黄成稳. 复句 [M]. 北京：人民教育出版社，1990.

黄国文. 英语"Wh-继续分句"的功能分析 [J]. 现代外语，1998a，(1)：2－9.

黄国文. 递归、级转移与功能句法分析 [J]. 外语教学与研究，1998b，(4)：47－51.

黄国文. 英语语法结构的功能语法分析——强势主位篇 [M]. 太原：山西教育出版社，2003.

黄国文. 翻译研究的语言学探索——古诗词英译本的语言学分析 [M]. 上海：上海外语教育出版社，2006.

黄国文. 系统功能句法分析的目的和原则 [J]. 外语学刊，2007，(3)：39－45.

黄国文. 中国的系统功能语言学的研究：发展与展望 [C]// 庄智象. 中国外语教育发展战略论坛. 上海：上海外语教育出版社，2009：859－892.

黄国文. 选择就是意义 [C]// 黄国文，常晨光，廖海清. 系统功能语言学研究群言集（第一辑）. 北京：高等教育出版社，2010：79－89.

金兆梓. 国文法之研究 [M]. 北京：商务印书馆，1922/1983.

郎大地. "时候" · 时位 · 多陈述偏正句 [J]. 语言研究, 1997, (1): 50-58.

黎锦熙. 新著国语文法 [M]. 北京: 商务印书馆, 1924/1992.

黎锦熙, 刘世儒. 汉语复句新体系的理论 [J]. 中国语文, 1957, (8): 20-27.

黎锦熙, 刘世儒. 汉语语法教材(第三编) [M]. 北京: 商务印书馆, 1962.

李淑静, 胡壮麟. 语气和汉语疑问语气系统 [C]//胡壮麟. 语言系统与功能. 北京: 北京大学出版社, 1990/2008: 82-101.

林立. 现代汉语复句研究概况 [C]//朱一之, 王正刚. 现代汉语语法研究的现状和回顾. 北京: 语文出版社, 1987: 179-189.

林杏光. 复句与表达 [M]. 北京: 中国物资出版社, 1986.

林裕文. 偏正复句 [M]. 上海: 上海教育出版社, 1984.

刘复. 中国文法通论 [M]. 上海: 中华书局, 1919/1939.

刘世儒. 试论汉语单句复句的区分标准 [J]. 中国语文, 1957, (5): 12-18.

刘月华, 潘文娱, 故韡. 实用现代汉语语法(增订版) [M]. 北京: 商务印书馆, 2001.

刘振铎. 现代汉语复句 [M]. 天津: 天津人民出版社, 1986.

吕叔湘. 中国文法要略 [M]. 北京: 商务印书馆, 1944/1985.

吕叔湘. 语法学习 [M]. 上海: 日新书局, 1956.

吕叔湘. 汉语语法分析问题 [M]. 北京: 商务印书馆, 1979.

吕叔湘. 现代汉语八百词(增订本) [M]. 北京: 商务印书馆, 1995.

吕叔湘, 朱德熙. 语法修辞讲话 [M]. 北京: 中国青年出版社，1952/1979.
罗进军. 基于句法识别的有标复句层次关系研究 [J]. 汉语学报，2009，(1)：83－89.
马建忠. 马氏文通 [M]. 北京：商务印书馆，1898/1983.
彭宣维. 英汉语篇综合对比 [M]. 上海：上海外语教育出版社，2000.
邵敬敏. 现代汉语通论 [M]. 上海：上海教育出版社，2001.
邵敬敏. 建立以语义特征为标志的汉语复句教学新系统刍议 [J]. 世界汉语教学，2007，(4)：94－104.
邵敬敏，任芝锳，李家树，税昌锡，吴立红. 汉语语法专题研究 [M]. 北京：北京大学出版社，2009.
宋作艳，陶红印. 汉英因果复句顺序的话语分析与比较 [J]. 汉语学报，2008，(4)：61－71.
苏建红. 汉英小句复合体对比研究 [D]. 上海：上海外国语大学，2006.
孙良明. 试论以句法结构为纲，统一词组和句子结构分析 [J]. 语文研究，1982，(2)：47－65.
孙良明. 汉语句法分析问题——兼述句法结构成分分析法 [J]. 语言教学与研究，1983，(3)：33－40.
孙良明. 再论按结构层次关系分析，取消单复句划分 [J]. 语言教学与研究，1994，(2)：102－117.
王红阳，黄国文. 系统功能语言学在中国三十年 [C] ∥ 黄国文，常晨光. 功能语言学年度评论. 北京：高等教育出版社，2010：51－91.
王力. 中国现代语法 [M]. 北京：商务印书馆，1943/1985.
王力. 中国语法理论 [M]. 北京：商务印书馆，1946.
王全智. 小句复合体和复句的对比研究 [J]. 外语与外语教

学,2008,(11):9-12.

王维贤,张学成,卢曼云,程怀友. 现代汉语复句新解[M]. 上海:华东师范大学出版社,1994.

王缃. 复句·句群·篇章[M]. 西安:陕西人民出版社,1985.

王勇,徐杰. 系统功能语言学与语言类型学[J]. 外国语,2011(3):40-48.

邢福义. 定名结构充当分句一例之辨析[J]. 语言教学与研究,1979,(2):43-48.

邢福义. 汉语复句研究[M]. 北京:商务印书馆,2001.

杨炳钧. 英语非限定小句之系统功能语言学研究[M]. 北京:外语教学与研究出版社,2003.

曾蕾. 英汉"投射"小句复合体的功能分析[J]. 现代外语,2000,(2):163-173.

张斌. 现代汉语[M]. 上海:复旦大学出版社,2002.

张德禄. 汉语语气系统的特点[J]. 外国语文,2009,(5):1-7.

张静. 新编现代汉语[M]. 上海:上海教育出版社,1986.

张炼强. 试说以"时"或"的时候"煞尾的假设从句[J]. 中国语文,1990,(3):174-179.

张雪涛,唐爱华. 汉语单复句区分问题的理论困惑与解决策略[J]. 语言教学与研究,2005,(4):21-30.

张志公. 汉语语法常识[M]. 上海:上海教育出版社,1953/1959.

赵恩芳,唐雪凝. 现代汉语复句研究[M]. 济南:山东教育出版社,1998.

中国社会科学院语言研究所词典编辑室. 现代汉语词典(第5

版)[M].北京:商务印书馆,2005.

周刚.连词与相关问题[M].合肥:安徽教育出版社,2002.

朱斌,伍依兰.现代汉语小句类型联结研究[M].武汉:华中师范大学出版社,2009.

朱德熙.现代汉语形容词研究[M]//季羡材.20世纪现代汉语八大家:朱德熙选集.长春:东北师范大学出版社,1956/2001:173-204.

朱德熙.汉语语法丛书序[M]//黎锦熙.新著国语文法.北京:商务印书馆,1980/1992:1-4.

朱德熙.语法讲义[M].北京:商务印书馆,1982.

朱永生,严世清.系统功能语言学的多维思考[M].上海:上海外语教育出版社,2001.

朱永生,郑立信,苗兴伟.英汉语篇衔接手段对比研究[M].上海:上海外语教育出版社,2001.

附录: 英汉术语对照

A

act 行事
addition 添加
alternation 选择
appliable linguistics 适用语言学
apposition 同位并置
arguability 可争论性
aspect 时体
assessment 评估

B

biased interrogative 偏指问
both…and… choice 合取选择
bound clause 约束小句
bound subordinate 约束从属

C

choice 选择

circumstance 环境成分

circumstantial augmentation 情景扩充

clarification 阐释

clausal theme 小句主位

clause combination／linkage 小句联结

clause complexing 小句复合

clause complex 小句复合体

clause nexus 小句连结

clause 子句、分句、小句

cline 渐变群

cohesive 衔接

cohesive link 衔接关联

command 命令

complementarity 互补

complex sentence 复句

conation 意欲

configurational 构造性的

conjunction 连接；连词

conjunctive marker 连接词语

constituency 成分关系

content 内容

continuing clause 继续小句

continuum 连续统

contracted complex 减缩复句
correlative conjunctions 合用连词
coverb 副动词

D

declarative 陈述语气
declinisation 去渐变化
degree of interdependency 相互依赖关系
degree of involvement 参与程度
demanding 索求
departure of a message 消息的出发点
dependency 依赖关系
dependent clause 从属小句、依赖小句
dominant clause 控制小句
dynamic 动态的
descriptive category 描述性范畴

E

ecological 生态的
either… or… choice 析取选择
elaboration 解释
element interrogative 特指问
element 成分
embedded 嵌入成分
enclitic 后附单位

enhancement 增强
entity 实体
entry condition 入列条件
Epithet 修饰语
Event 事件
evolutional 进化的
exemplification 例释
expansion 扩展
expriential metafunction 经验功能
exposition 诠释
extended Complex 扩充复句
Extent 时间跨度
extension 延伸
external reality 外部现实

F

figure 图形
field 语场
Finite 限定成分
flow of information 信息流动
forward-linking conjunction 前指性连词
free clause 自由小句
free subordinate 自由从属
from above 从上至下
from around 从外到内
from below 自下而上

functional 功能的

G

general linguistics 普通语言学
Genre 语篇体裁
giving 给予
goings-on 事件发生
goods-&-service 物品和服务
grammatical logic 语法逻辑
group complex 词组复合体

H

happenings 发生

I

iconic 代表性的
idea 观点
ideational metafunction 概念功能
ideational base 概念基块
imperative 祈使语气
Incapsulation Complex 包叠复句
independent clause 独立小句
indeterminacy 不确定性
indicative 直陈语气

indirect participant 间接参与者
information 信息
information focus 信息焦点
information stucture 信息结构
initiating clause 起始小句
interactive event 交际事件
interdependent 相互依赖
internal 内在的
interpersonal metafunction 人际功能
interpersonal grammar 人际语法
interrogative 疑问语气
irrealis 非现实

L

linear recursion 线性递归
Location 处所
locution 话语
logical metafunction 逻辑功能
logic-semantic relation 逻辑语义关系

M

major clause 整句
meaning potential 意义潜势
Medium 媒介
metafunctional 元功能的

metaphenomenon 元现象
minor clause 零句
minor process 次过程
modality subordinate 情态从属
mode 语式
modulation 意态
monocentric sentences 单核句
mono-nuclear 单核的
mood 语气
morpheme complex 词素复合体
multi-nuclear 多核的

N

natural language 自然语言
natural logic 自然逻辑
non-finite 非定谓的

O

offer 提供
open question 开放性的提问
open-ended 开放式的

P

participant 参与者

particulate 粒子式的
part-whole relationship 部分与整体的关系
phase 相位
polar interrogative 是非问
polycentric sentences 多核句
postnoun 方位词
preposition 介词
primary clause 首要小句
Process 过程
pro-form 代用形
projection 投射
prominence 重音突出
proposal 建议
proposition 命题
propositional logic 命题逻辑
prosody 韵律
pseudo-head 拟中心语

Q

question 提问

R

rankshift 级转移
realis 现实
realization 体现

recursiveness 递归性
relator 连接者
Residue 剩余成分
Role and Reference Grammar 角色与指称语法

S

scale 阶
second order 再次组织
secondary clause 次要小句
segmental 分割式的
semantic 语义的
sequence 序列
serial-verb construction 连动结构
situation 情形
speech function 言语功能
speech role 言语角色
starting point 起始部分
statement 陈述
sub-clause-complex 子小句复合体
system network 系统网络
Systemic Functional Linguistics 系统功能语言学
Systemic Functional Typology 系统功能类型学
systemic 系统的

T

tactic augmentation 配列扩充
taxis 配列关系
tenor 语旨
textual metafunction 语篇功能
textual theme 语篇主位
thematic structure 主位结构
theoretical category 理论性范畴
Thing 事物
Token 标记
topical theme 主题主位
trans-phenomenal categories 跨现象的范畴
transitivity 及物性
tri-nocular perspective 三个视角
tri-strata 三个层次
typological-topological perspective 类型学与拓扑学相结合的视角

U

unbiased interrogative 中立问

V

Value 价值

variation 变异

W

word complex 词复合体